李茲文化

Make Something Different

不一樣就是不一樣

李茲文化

Make Something Different

不一樣就是不一樣

找回失落的自己

張慶祥＝著

【推薦序】

我一直在尋找的最後一片拼圖

文／張德芬

我當初追求靈性成長的道路，大半的原因是由於情緒的困擾。研究、尋覓多年之後，我發現了一般人對待情緒的方式可分為兩大類：

一、否認、迴避、自圓其說（這類人通常比較不會走上自省、內觀的道路，因為理智太強了，可以說服自己）；

二、發洩、轉移、清除（這類人通常就會走入宗教、靈修的道路，因為他們承認自己情緒的存在，但也逐漸知道以上這些方法都還不是真正的解脫之道）。

這些方法，正是禪宗五祖大弟子神秀說的「時時勤拂拭」，認真的去打掃自己的心房，一有塵垢就立刻清理。這樣做沒有什麼不好，但是，你會很忙碌，而且一段時間以後，你會把抹布一丟說，「怎麼搞的，灰塵永遠掃不完嗎？我都上了那麼多的課，學了那麼多的東西，讀了那麼多的書，也很認真清掃了，為什麼好像永遠無法從負面情緒中解脫？」

這是我自己一路走過來的情形。後來，我讀到了《當下的力量》，驚為天書，認為它提供的方法就是究竟❶根本的方法了。因為，我自己的體驗也是，靈修成長、煩惱解脫的終極大法就是內觀：往內觀照自己的起心動念，這我在以前的部落格文章中都說過好多次了。

《當下的力量》作者提到了一個重要的觀念：臣服，每當有不如意的事情發生時，如果我們學會了臣服，情緒上就不至於起太多的波瀾。（光這個功夫，就足夠我們練習好久了。）但是後來，我發現，不是每件事情都能夠讓你臣服的，有些事情對我們的衝擊如此大，或是與我們過去的傷口有直接的關係，這時候臣服就不可能了。於是作者說，「如果不能臣服於事件，就臣服於你針對這個事件而起的負面情緒。」我認為這個很有道理，參加克里斯多夫老師工作坊的時候，也印證了這個方法，我也認為，接納當下的情緒，就是我們從情緒當中解脫的究竟根本的方法。

但是，在實際生活上，大家也知道，情緒來臨的時候，我們真的對它無能為力。要觀察它，怎麼觀察呢？要接納它，怎麼接納呢？我們當然也用了一些方法，比如說，把呼吸帶到身體不舒服的地方，用呼吸去撫平那個不舒服的感受，或是呼求光和愛來幫助我們接納它，可是，這些方法其實境界也還是在「時時勤拂拭」，不是嗎？所以，這些方法再好，總還是讓我有隔靴搔癢的感受，覺得沒有直搗黃龍！

直到我學到了黃庭禪，我才知道還有一個究竟根本的方法，可以幫助我們解脫。前面說的方法，如果當下可以解決你的問題，還是可以運用。但是我在黃庭禪中學到的，真的是六祖說的「本來無一物，何處惹塵埃」的境界。

黃庭禪的講師張慶祥，也是有感於自己修行多年，情緒的問題還是無法克服，在遍讀我們老祖宗的經典古書之後，終於發現了各教各派所說的「修心」是什麼意思，而且找出了實際可操作的方法來與大家分享。（大功德啊，老師！）

張講師發現，每當我們有負面情緒的時候，雖然每個人的身體感受會有不同（有些人頭痛、有些人肩膀痛、背痛、這裡緊，那裡緊的），但是在我們胸口正中的那一寸見方之處（也就是中醫的膻中穴、我們常說的心輪），總是有很多的氣血起伏，他對照古籍，最後發現老祖宗稱之為「黃庭」的地方就是動盪我們人心的根本所在。

在他教導的禪修課中，我們不是靜靜地坐著，而是由講師帶著我們用各種動態的方法去體驗自己的黃庭。我過去多年的努力沒有白費，在課堂中，我立刻發覺，我當下的起心動念，如果勾起了我負面的情緒，就會有能量在胸口的正中央（兩乳之間）有所動盪，而且感覺很不好受。

最有趣的是，講師讓我們看見，你以為你是生老公的氣，你以為是別人的行為、或是外境讓你生氣，其實，我們真正對抗的，是胸中黃庭裡那一股被激盪起來的氣機，仔細研究，它不過就是一點氣血的翻騰，能量的變化而已，但是每當我們熟悉的這種不舒服感覺來時，我們就要罵人、掉淚或是逃避。

講師更指出，如果你去研究這心頭方寸間微微氣血的起伏變化，你會發現它的物理性：熱、冷、脹、縮、緊、癢、痠、麻等。學過量子物理學的人，也可以印證，這些能量的變化不過是粒子❷來來去去的波動造成，本身不具有任何意義，這就是《心經》上說的「色不異空，空不異色」的意思。

大家頭還沒暈的話就聽我繼續講下去。好玩的是，我們從小對自己胸中的氣血起伏，產生了一定的攀緣和依附，也就是說，對它有愛恨批判。比方說，生氣的時候，你覺得胸口很熱很悶，呼吸急促，所以，你真正抗拒、不接納的，不是造成你氣血起伏的外境或是人，而是你自己身上的覺受。證據在哪裡？因為，當你跑完幾公里以後，你身上的感受，跟上述生氣的感受可以說是一樣的，呼吸急促、熱血沸騰，但是，你不但不以為忤，反而覺得很爽——運動過後的HIGH（亢奮）。如果今天我們要上前線為國奮戰，也會有同樣的身體覺受出現，我們卻把它詮釋為「愛國的勇氣」，不是嗎？

所以，我們煩惱的起源，就在於對自己胸口中央方寸之間的那個氣血

2 組成物質的最小元素。

的起伏，有了貪嗔❸分別的心。講師苦口婆心的教導，還有課程中設計的各種活動，都是在讓我們去體察究竟自己負面情緒的本質是什麼，如果看清了它的空性❹，那就可以在它升起的時候，與它和諧共處。而講師教導的黃庭禪坐，就是觀照自己的最佳方法。我在老師的指導下，從原來半個鐘頭都坐不住的情況，一下子可以坐一個多小時面不改色。

走筆至此，讀者應該知道為什麼我認為它是我一直在尋找的最後一片拼圖吧？講師指出，最終的目的，不是在消弭你的情緒（勤拂拭），而是可以在各種情緒的起伏振盪中，優遊自在的看著它。所以你也許當下是勃然大怒的在罵人，但是心中卻是坦然舒暢的，因為你不害怕內在的熱血沸騰以及胸口激盪的能量，而且你認為在此刻的狀態中，發怒是最好的解決方法（很多老闆知道這點吧？呵呵），所以你從容地選擇發怒，而不是被心中氣血激盪的不能自已而不得已發怒的。在這裡，你有了選擇，你成為自己情緒的主人，而不再是它的奴隸了。這就是從情緒中解脫了——不是沒有情緒，而是與它和平共處，這也是無為的精義所在。

張慶祥老師為讀者特別寫了這本書《找回失落的自己》，讀來令人驚喜萬分。

張講師向來是我心目中博學多聞的修行者，他熟讀儒釋道各家各派的經典，並且用現代化的語言來為我們闡釋經典之中的奧妙之處，尤其是他找到了古籍中「一以貫之」的精義，揭示了我們中國老祖宗遺留下來所有精神文化遺產的主軸所在，令人十分敬佩。

這本集子中，張講師以精闢的見解，為我們道破了很多人在修行路上對於一些名詞的誤解或遐想，讀來不禁拍案叫絕。

令人驚喜的是，他還加上了新時代的追隨者們最愛用、也最「炫」的一

---

3 嗔：生氣、發怒、厭惡、恨。

4 來來去去，不受我們的控制，而且不具任何意義的生命能量。

些名詞，像是當下、心想事成等，用他自己博覽群書、身體力行之後得到的智慧，為我們排除疑惑和謬見。不僅如此，他也為一些基督教的名詞，如「信我者得永生」，以及靈修寶典《奇蹟課程》裡面一些容易讓人產生誤解的名詞進行了解說。

真正對修行、修正道有興趣的人，一定不能錯過這本書，因為它可以為我們節省很多年盲目摸索或是誤入歧途的精力和時間，導我們進入一個正確的中心思想和主軸，那也就是黃庭禪的主軸：煩惱即是菩提，解脫就在當下！

（本文作者爲名身心靈作家，作者網址：www.innerspace.com.cn）

【迴響】

要在任何感受下皆自在，而非尋找一種自在的感覺

文／李欣頻

正當我與章成各自閉關寫《2012重生預言》之刻，因為張德芬推薦我一定要參加黃庭禪，所以破例丟下寫到一半的書稿，到新店山上參加三日禪。

我上過無數的心靈課程，理論也聽很多，但這三天的體驗果然如德芬所說，獨一無二而且震撼，因為我過去從未體驗過「實修」、「實戰」，以致於每次從靈修中心回到現實生活，問題依然還是問題。

首先最震撼的是空氣槍體驗，老師要我們圍成一圈向外，他在圈內走動，拿槍在背後隨機射擊我們，要我們仔細觀察情緒能量的波動、位置、範圍、強度、緊度、溫度、頻率……我腦中馬上浮現的是：哇，這個酷，

我在２０１２書中寫了一堆要覺知、要臨在、要活在當下，現在槍聲就在背後響起，我得來看看自己是否真能做到覺知、臨在、活在當下了。

果然理論跟實務是兩碼子事，趨近的腳步聲讓我不由得緊張了起來，突來的槍聲也瞬間惹惱了我，但我得如科學家般，確實地觀察並記下這些能量的波動狀態，並練習老師的交代：來吧！我整個胸腔已經提供出來讓所有發生，因為情緒說穿了也不過就是一些能量數字而已，要在任何感受下皆自在，而非尋找一種自在的感覺。

於是我開始體驗「如琴弦拉高音般、緊度九、溫度八、高低震幅達五十公分的多重錐狀體」、「如輻射向外十三圈、緊度由九逐漸遞減到二、溫度從七緩慢降到五的漣漪波……」我就像氣象雲圖繪製員般地仔細感受、仔細丈量、仔細描述，以前會綁住我幾月幾年的情緒，現在一經仔細觀察之後，就全然自由地來來去去了。

我在想，如果書中所提到的２０１２預言，真的發生在我面前，我真能做到「在任何感受下皆自在，而非尋找一種自在的感覺」嗎？我真能做到「與情緒能量和平共存，不讓情緒影響我、綑綁我」嗎？當我親身實戰練習，我才了悟，原來2012早就發生在過去平常的生活裡了，2012預言的：颶風、洪水、地震、疫情、戰爭……所引發的恐懼，之前多多少少早就讓我經驗無數次了——透過颱風、暴雨淹水、輕中級地震、感冒、受凍、中暑、與人爭吵……，早就給了我練習與恐懼、痛苦、憤怒情緒能量和平共處的機會，只是我都輕忽了。

當我再回到生活，切切實實觀照自己的每一種情緒，以氣感受能量細微的變化，與之共振共舞，讓情緒能量大幅度地自由流動，不再被困住走不出來，那麼我在面對之後可能的變局，無論再怎麼大，也不過就是能量起伏與來去而已，2012就只是畢業考般的實戰場，一點都不難！

（本文作者為名作家，著有《誠品副作用》、《十四堂人生創意課》、《2012重生預言》（合著）等書）

【迴響】

我終於找到活在當下的眞諦

文／羅瑩

上完初階課程已有十來天了，一直都有很多事在忙。這一刻終於可以靜下心來寫一下我的感受。

上課之前我也有看過張講師的著作和德芬老師的相關介紹，對黃庭禪也算是有點認識吧。所以也有一直在試著去觀照黃庭，但是當遇到極大挑戰的時候卻絲毫沒有作用，雖然看到了黃庭裡的動盪起伏，但是也只能任由煩惱隨之起伏，毫無辦法。很慶幸來上了課，終於開始明白原來這當中的要意，不只是要讓那股能量自在的發生，還要不帶任何的罣礙攀附才是正路。

回到家裡，正好有機會讓自己練習了一把。那天終於鼓起勇氣和朋友說起之前讓我煩惱不已的事情，隨著之前的畫面一一在腦海裡播放，立刻就感受到黃庭裡的波濤洶湧，炙熱的溫度似乎在燒烤著我的心房。和以往不同的是，我沒有逼著自己趕忙把事情敘述完，而是努力的去觀照著這股氣機❺的湧動，不讓自己的情緒隨之起舞。有好幾次，當我覺得那股氣振盪得我快要招架不住的時候，便仔細地去看。想著「很養生，儘管來」，努力地去鬆開……

當我說完整個事情的過程後，我的朋友不禁讚嘆說：「我覺得你這次說起這種事來，給我的感覺非常的平靜自在，不像以前那麼煩惱了，真棒！」這也是我第一次在說起和那個人的事情時居然會有這麼自在的感覺。我知道，雖然這個問題還沒有解決，但是我已掌握了最好的鑰匙，總

5 身中那股氣或能量活潑流暢的感覺。

有一天問題可以圓滿地解決的。

之前也有聽過德芬老師的引導詞來靜坐，也經常練習瑜伽的冥想，沒想到在禪坐剛開始沒有多久，肩膀和膝蓋就酸痛不已。這一次，才真正體會到如何去放鬆，任由身體的氣機自由地發生。記得在「呆若木雞」的最後，我在深刻地感受到全身的酸痛的同時，竟然可以自在地看著這些酸痛，彷彿和「我」沒有任何的關係。回來以後，不管多忙，每天總是能抽出時間來靜坐。每當我覺得很累，想和自己說「今天就算了吧」的時候，我就會去細細地觀照黃庭的變化，接下來就能自在地進行禪坐了。

最讓我感到狂喜的是，我終於找到了活在當下的真諦了。以前看了不少身心靈的書籍，每每都會提到當下才是解決之道。雖然我也不斷地提醒自己要關注當下，但總是會讓思想和情緒把自己帶到過去或者未來。張老師的一席話讓我茅塞頓開：「只要能時時關照黃庭那個方寸間的變化，就已經是在關注當下了。」現在，我大多的時候都能在做其他事情時，分出一點心思來關照自身的氣血變化，特別是心內的變化。慢慢地，我開始發現到丹田附近總是有股暖暖的感覺，這讓我感受到氣機造化由丹田萌生的徵兆了。

以前也上過一些靈修的課程，老師和同學都會把愛掛在嘴邊，到了結束時大家都哭得稀里嘩啦的。我是個很感性的人，很喜歡這種氣氛。這次來上黃庭禪，之前也有一些瞭解，想著既然是關於經典的學習和禪坐的，自然和愛沒有多大關係。但是隨著課程的進展，我覺得自己的心慢慢地變軟了，變暖了。聽著瑞穗和張講師耐心細膩的講解，以及最後談到關於對累世冤親的發願懺悔，一種深深的感動在我的心裡蔓延——真正的大愛就是這樣的無言吧。雖然課已經結束，但還是忍不住想對老師及助教說一聲：謝謝你們，我愛你們！

從小作文對於我來說就是最頭痛的事情。每次上完靈修課，雖然有萬般感受，但最終還是提不起筆寫下來。這一次，在開始寫的時候，心裡也有些嘀咕，但是每當我又想對自己說「算了吧，下次再寫」的時候，我就去觀照著自己的黃庭：有些緊，有些麻，不過沒關係，「很養生，儘管來」。沒想到，一字一句就這樣順暢地寫下來了。

願天下有更多的人能夠學習黃庭禪，找到解脫煩惱的終極良方。

（35歲，應用軟件售前顧問，深圳）

【迴響】

最簡單的相遇，卻又像等待了上千年

文／涓涓

初識黃庭禪，是在二〇一〇年一月號的《心理雜誌》，北京的課程是一月十五號就開始的，我立刻就去了。做律師三年來，一直是最拼命的團隊裡面，最拼命的那個人，沒有請過超過半天的病假，二十四小時開機收郵件。想運動，但是走不開，想旅行，還是走不開，這一次，莫名其妙的，就是沒有猶豫。頭一天還在飛來飛去出差，第二天就立即請假，上網訂一個瑜伽墊，然後成行。初階加進階四天的時間，基本上關機，鮮少講話，靜坐，在張老師的帶領下體會內在的氣機。四天以後，天沒有塌下來，而我，卻找到了心的位置。

謝謝老天，謝謝張老師，謝謝帥氣的助教和熱情的瑞穗姐，謝謝所有人。

不是像哲學家一樣在思辨中帶你追尋生命的答案，也沒有營造一個舒適的氛圍讓你去感動；不是像有的成長課程一樣帶領你去尋找頭腦中十萬個為什麼的答案，也沒有像心理諮詢那樣讓你把所有的想法和不快都一吐方休。只是簡單地引導你，向內看，此刻便解脫，此刻便在天堂。

向內看，原來我的內在是一股氣。原來我一直以來罣礙的，只是這股氣的形態大小、速度、熱度的變化而已。向內看，其實沒有別的，只有生命的喜悅。

向內看，就這麼簡單；向內看，就已足夠。

從小到大，就是尤其敏感的小孩，天生的這個特質讓我屬於「身內的感受特別強烈」的人，而偏偏喜歡思考、充滿好奇心的個性卻讓我不斷地勇於追尋外在的變化、考驗和進步。總結一句話就是，內心脆弱，還往外追求，很辛苦，但我曾以為是勇敢。

學習了黃庭禪，才明白，原來那些害怕、恐懼只是氣突然起來的樣子，抑鬱、無聊只是氣低低的樣子，憂慮、傷感也是氣突然一股沖起來的樣子，痛不欲生、方寸大亂，其實是氣在胸中亂竄的樣子……只是氣機的樣子。其實原本沒有那麼多的害怕、難過、抑鬱和傷心，沒有那麼多的愛恨，只是氣機的起伏而已。

一直以來，都覺得胸口悶悶的，一直以來，都覺得胸口有個東西在那裡，有時候叮咚，有時候堵著，有時候像一個拳頭打過來，有時候覺得熱浪澎湃，不知道為什麼，卻被它牽著鼻子走。現在才明白，原來人生的苦，是因為對生命氣機，有太多攀附的無知。只要向內看，真相就在那兒。

張講師說，這個學問很深。確實如此。還沒有來得及歡呼胸口那個堵著的氣被打通的感覺，還以為從此以後便開始沒有煩惱的新人生，考驗便來了。

先是在進階班的第二天，禁語及素食的效用彷彿發生了，體力好了許多，心情也平靜不少，可是突然的，愛得死去活來的男朋友傳簡訊跟我說分手。一瞬間天旋地轉，胸膛裡面都是氣在亂竄，當下驗證方寸大亂。半個小時以後，心裡面還是不能平靜，眼淚更像是滾水一般。對自己說要向內看，向內看，握著十字手印，向內看，慢慢的看到胸口的氣熱熱地一股一股不斷起來，衝到脖子，然後再回落一點，然後居然也靜下來，睡著，暫時勉強過關。

禪修結束，回到工作上面，仍然是那個看似高聲望，實則壓力重重的極端高難度工作，仍然是那個人人自危、你爭我奪的環境，卻發現當看著心口開始做事情、講話、談判的時候，一切彷彿不一樣了，說話速度沒有那麼快，人沒有那麼急，外在的事情也開始變化。好像開始順利起來……

事實證明，其實是我高興的太早。

還沒有兩天，就發生一系列戲劇化的事情，又可以是一部電影的高潮點，又有太多哭笑不得的事情，我又成為了事件的犧牲者，平白丟臉，卻無法解釋。這一次，內觀就沒那麼容易。長達兩天，胸口裡、身體裡氣亂亂的，熱得不行，力量大到讓你無法專注、無法呼吸，更別提往內看。往內看，胸口鬆開來，這麼簡單，可是就做不到。腦子裡想要迎接它，不攀附任何情緒，但是胸口根本不照辦，整個人像著魔一樣，被那一股一股氣形成的熱浪，不斷打翻，或是拖著，整個人就是苦，煩躁，坐立不安，無法釋懷，等等等等。

不知道是靜坐的幫助，還是事情的發展變化，雖然沒有在當下解脫，但是幾天後仍然是釋放出來，沒有再耿耿於懷了。不過也開始懂得，這個學問真的很深，不那麼簡單。

直到現在，仍然有不順心，仍然有煩惱，有時候記得往內看，也做到，於是馬上解脫，有時候忘記了往內看，仍然被那股氣拖著，煩惱，憤怒；有時候乖乖地靜坐、聽講師的講經CD，生活平靜而愉悅，開始發現生命的奧祕，看人生看事情開始不一樣，但還是有更多時候，又回到從前的狀態，作息不穩定，情緒化，工作中衝衝衝，只看到外面，回到家想起情感的挫折、生活的無常，只能哭到累了才睡著。

我不知道這些反覆是慣性，還是他們說的業力，但我知道無須掛懷。只要堅持向內看，一切都會不一樣的。不過心裡還是暗暗說，下一次希望還能參加黃庭禪，把這個往內看的學問好好學下去。

最近工作上煩擾紛紛，不論是事件的還是人事的，內心中的衝突也頗多，靜坐好像開始堅持不下去，聽經更是被迫停了下來。好像總是這樣，剛剛好一點，有一點體會，就又反覆。但是在最孤單、最低落、最無所適從的時候，和以前不一樣的，是知道可以向內看，好像內心深處有一點點光，只是一點點光，可是就暖暖的在那，讓我在艱難的當口，有一個選擇，不那麼害怕。

就是這一點點心光，和其他的光不一樣，甚至也不是那些因為愛、因為互助、因為慈悲的感人溫暖的光芒和火焰，不是外面的光，而只是內心中一點點亮，像心的光，其實只是一點氣息在那裡，卻溫暖了整個胸膛。

真的非常謝謝張老師，感謝黃庭禪，帶來如此好的學問，解救生靈，功德無量。相信這樣好的學問一定會越來越傳播開來，幫助更多的人。星星之火，可以燎原。

（30歲，律師，北京）

【目錄】

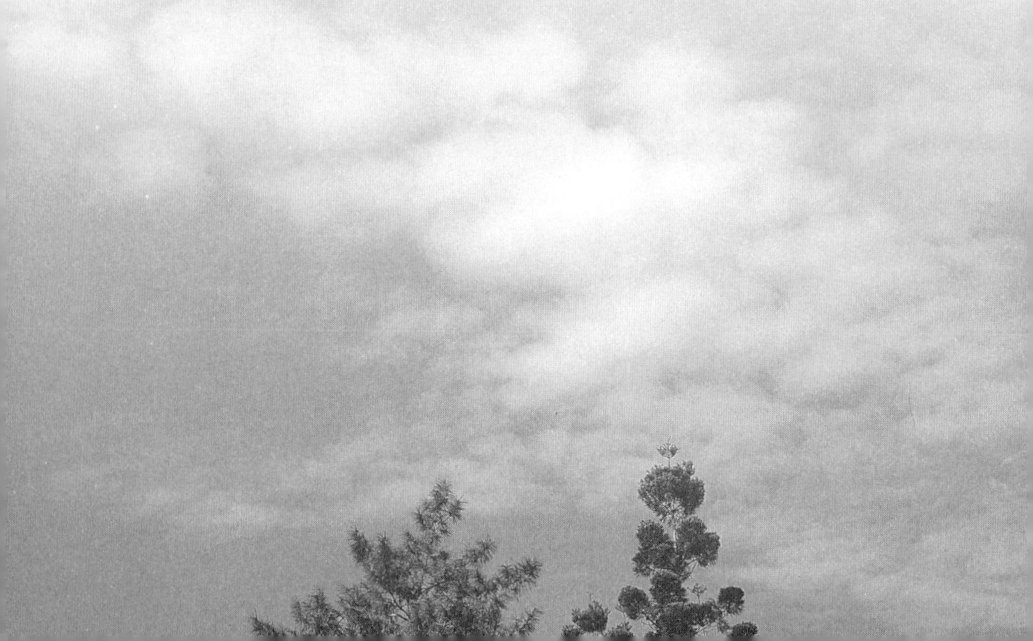

第三部

10個不可不想的問題

227

1. 什麼是執著呢？我每天堅持一定要做瑜伽功課，或是打坐，大家都說我執著，這到底算不算是執著呢？
2. 什麼是「不分別」？選擇不分別不也是一種分別嗎？修行人都說要不分別，但想要成佛不也是一種分別心嗎？
3. 現代流行說這世上萬事萬物都是人們的心念所造成的，對嗎？
4. 什麼是衡量世間一切是非對錯的最終標準呢？什麼是人生一輩子努力的最終目的呢？
5. 我學了各式各樣情緒管理的辦法，但總覺得不究竟，至今我的情緒還是不時會泛起波濤，讓我不得安寧！什麼才是解脫內心煩惱的究竟辦法呢？

6 我做事一向聽從直覺，不管別人怎麼說，凡事只跟著感覺走，聽從自己內在的聲音。只要知道自己在做什麼，能對自己負責就行了，不是嗎？

7 所謂鬼神之說，既然科學無法證明，一概都是迷信吧？

8 有人告訴我，每個人來到這世上都有一個不同的任務，我一直在追尋我此生到底有什麼任務，但一直沒找到答案，我不知道要怎樣才能把我的「任務」找出來？

9 每次我要在眾人面前表現自己的時候，都感覺到非常沒有自信，請問我要如何找到自信呢？

10 那些修行人立志要成佛，不也是一種貪嗎？我只不過貪點蠅頭小利就叫貪，他們比凡夫貪更大吧？

第一部 失落的內心

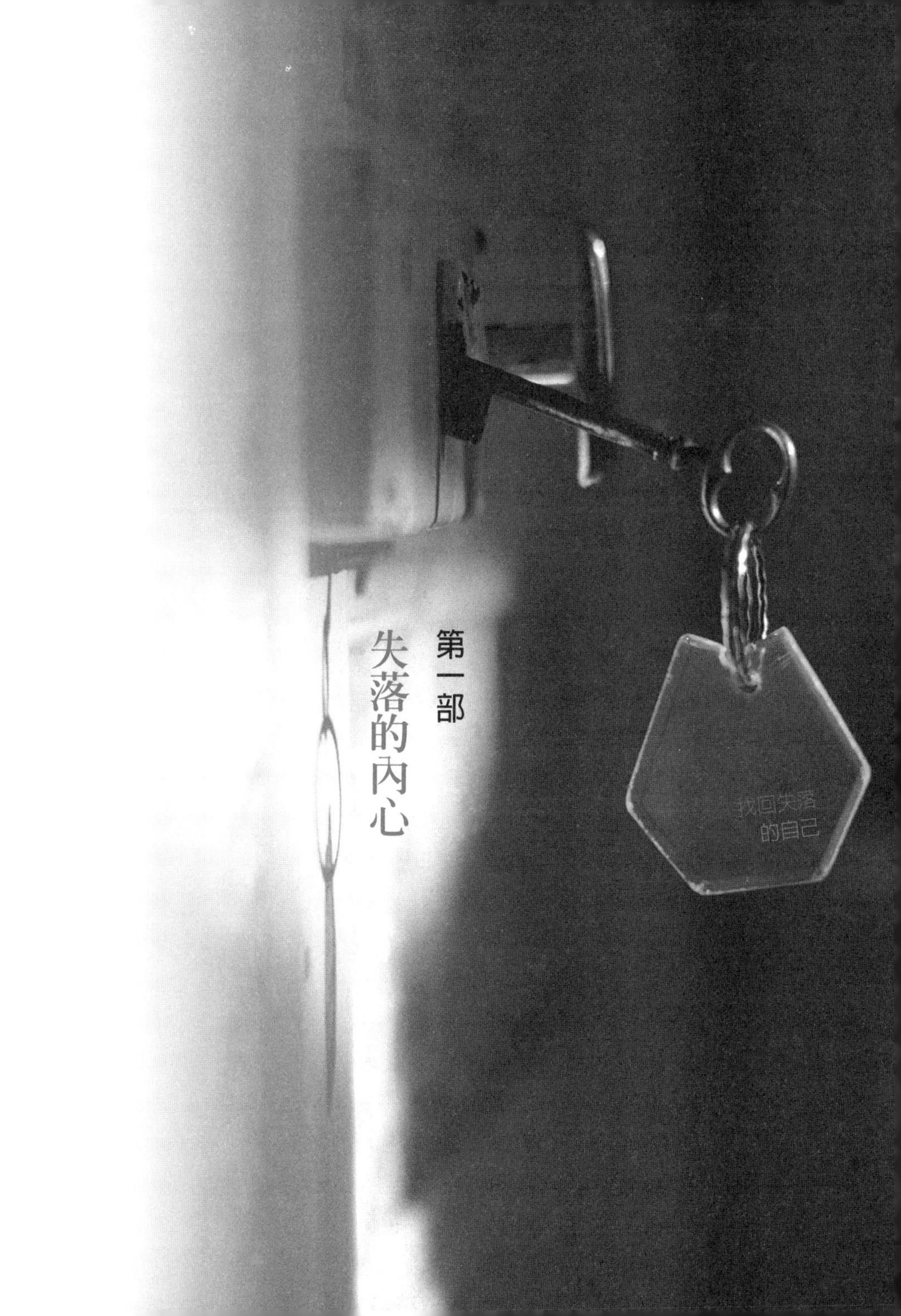

「內心」！這是一個非常奇妙的字眼，它總是讓人感覺到既現代又古老，既熟悉又陌生，既單純又深奧！這是年復一年，從古到今，不論智愚貴賤，大家都喜歡談論的課題。小學生在談，大學生在談，博士也在談，禪師也還在談！人們整日都在追求它、談論它，但卻覺得越談越陌生！人們常努力想去揭開它，但又覺得越來越深邃！這就是我們的「內心」。一個看似平易，卻又遙不可及的「家」！

自古以來最有智慧的人都告訴我們，我們一生所追尋的一切，所夢想的一切，答案就在那兒。它是那麼的美好，而我對它卻是一無所知！它是那麼的親切，而我與它的距離卻是那麼的遙遠！我想用這些篇章把你的「內心」介紹給「你」！然而這必定是一項無比艱鉅的工程。

無法解決的內心戰役

今日人類的智慧，已能克服很多非常困難的事情，好比我們可以把人類送上月球，我們的視野可以擴展到更遙遠的星際，也可以清楚的看到海底最深處的眞相，更已經研究出最尖端最快速的電腦，這麼多偉大艱鉅的工程，我們都一一達成了！

但還有一項最爲重要的工作仍然沒有達成，這項工作似乎比方才所舉的那些偉大的成就更爲艱鉅，那就是人們內心的「安寧」與「祥和」！看看這個世界吧！到目前爲止，整個世界仍然處於躁動不安之中，大大小小的戰爭從未停息過：國家內外有戰爭，政黨內外也有戰爭；公司內外有戰爭，家庭內外也有戰爭；然而最重要的不是「你」的外面有戰爭，而是「你」的裡面更有著一場又一場的戰爭！不是只有昨天戰爭，今天也還在戰爭；不是只有剛剛戰爭，現在也還在戰爭！

你以爲世界這麼亂是因爲國與國的戰爭嗎？還是政黨與政黨的戰爭嗎？或是人與人的戰爭呢？不！只要你內在祥和，外面的戰爭根本摧毀不了你！比起一個人內在如火如荼的戰役，世界大戰根本就不算什麼！多數的人生並非毀於世界的大戰之中，也非毀於人與人的戰爭之中，而是毀於這一場場「內在的戰役」之中！只有發生在你內在的戰役才能摧毀你！

在內在的戰役中，我們安寧的時刻被犧牲了，我們祥和的時刻被犧牲了，我們一輩子中大多數的珍貴時刻，因爲這些內在的戰役而全軍覆沒！在我們自己的戰場上，「我」被摧毀了！我的神性內所具有的安寧與祥和，也都一併被摧毀了！

想想看，撇開身外的戰役不談，這一天之內，發生在人類「內心」的大小戰役，要是全部加起來的話，恐怕用那最先進的電腦，也還不一定計算得完呢！這些激戰的血淚故事，恐怕用盡全人類有始以來的所有紙張，也寫不盡的！這就是爲什麼整個世界感覺如此躁動的原因。也就是說，眞正需要安寧與祥和的不是世界，而是每個人的「內心」！人心安寧了，世界也就安寧了！

然而這是個簡單的工程嗎？想想看，我們有能力登上月球，卻無法徹底解決發生在一個人「內心」中的場場戰役，目前爲止我們對它仍然束手無策！這個世界的每一個國家，每天投入多少教育家、心理學家、宗教家、慈善家去挽救人們的內心，但這項工程進行到目前爲止，世界仍然一天比一天亂，可見這項「內在和平」的工程，其難度遠比登上月球還要複雜得多！

或者不是因爲這項工作太難，而是由於我們對「內心」這兩個字的認識，仍然存在許多撲朔迷離的關鍵還未得到釐清！否則怎麼會全世界那麼多專家學者一起努力，卻依然無法阻止它每下愈況呢！然而這些專家卻常以爲自己對「內心」這兩個字是瞭如指掌的，這才是最大的問題所在！

撲朔迷離的三大困境

凡事想要得到好結果，最好先認清方向再開始奔跑，因此想要讓每個人都可以具體有效的去體驗他的內心，首要工作就是要先釐清一些至今仍令人們感到撲朔迷離的關鍵，才能使這個學問重現古人「直指人心」般的力道。

那麼一談到「內心」這兩個字時，一般人立即產生的錯誤方向是什麼呢？以下三點，正是致使世上的人們對「內心」感到撲朔迷離的困境所在：

（一）「內心」與「外物」分不清：

一看到「內心」這兩個字，顧名思義，它當然存在我們的「內在」！

如果我問：「一個人內心的安寧與滿足，是發生在他的內在？還是外在？」你馬上能回答「內在」！「那麼一個人若失去他的安寧與滿足，是從他的內在失去呢？還是從外在失去？」你可能想了一想，然後回答「內在」！如果我再問：「那麼要找回失去的安寧與滿足，是從內在去努力呢？還是外在？」你可能會停幾秒鐘，然後勉強吐出幾個字「好像應該也是內在」！對的，這些答案都是「內在」！

然而仔細的看看世上的人們，每當他們的內心發生動亂或浮躁的時候，他們都是往內心去尋找失去的安寧與滿足呢？還是急著往外去擺平外在的事事物物呢？答案是……幾乎全部都急著「往外」！因爲看起來此刻內心的不安，全都是因爲外在某個不如意的人事物所引起的！

這看起來好像很對，但人們忽略了一點，此刻那個「不舒服的感覺」，是發生在你的內在還是外在呢？談到「感覺」，當然是發生在你的身上！而剛剛你說要找回失去那份安寧的感覺，應該往內在還是外在去努力呢？

你也是回答「內在」！而當人們感到內心的不安時，他們都往內去安排還是往外呢？此時每個人卻都往外！這便是第一個令人陷入撲朔迷離的地方了！因此這點有必要再加以說明。

很多人以爲只要等他們掌握了生活中的每一項元素，就會擁有安寧與滿足，但事實並非如此，因爲事情總是層出不窮的，想要「掌控一切」，並不是他們能力所及的。世上沒有任何人能掌控一切，就算世上所有大小戰火都被你熄滅了，大小事件都被你擺平了，你已非常成功了，但只要你內在的動盪與戰爭還在進行，那麼不論你多麼成功，你仍然得不到安寧與滿足，那些外在的成功對你而言，也都變得毫無意義了！

因此你要相信，你在身外所追求的一切意義，最後都得在你的「內心」中發生，你所追求的一切安寧與滿足，也要在你的「內心」去感受，否則它根本沒有意義，因此你一生所追求的並不在外！外在有可能是一個可以引起你不安或滿足的媒介，而不是不安或滿足的本身，它只是個會騙走你注意力的幌子而已！因爲外境的變化能不能造成不安或滿足，還要看你的「內心」怎麼去感覺，因此外在不是最根本的因素。反之，若是你的「內心」能存在著安寧、祥和，那麼不論在任何的處境下，你都可以感受得到安寧、祥和。這點是所有外在的努力無法比擬的。

因此想要得到理想中的人生，你的首要工作便是明白你的「內心」！一旦你懂得在你的「內、外」間劃清界線，就非常容易看到外在的一切並非你所追求的，它只是一個幌子、一個媒介而已。將你所追求的滿足與安寧寄託在外物身上，那將是再動盪也不過的事了，因爲外物的本質就是如此！

看看你的「內心」吧！眞正的滿足只在你的內心發生，它當然也可以藉由外在的任何原因而得到短暫的發生，但你也可以不需要任何原因就能一直享有它，因爲它是與生俱來的，它本來就存在你的內在，重點是你得要學習去認清它，去讓它發生在你的內心而已！

然而湊巧的是，大部分你感受到內在的安寧與滿足時，外在的境遇大多恰巧也都在你所滿意的情況下，這使得人們非常堅信，要得到內心的滿足之前，必須將外在的一切都擺平、都安排妥當才行，正因這個錯誤的指引，使得我們不斷的往外物奔忙了一輩子，最後仍然不能掌握你所想要的那個安寧與滿足，因爲外物的本質總是在變化、在動盪！

但你別誤會這個說法是叫你拋棄外在的一切，讓它隨意去潰敗，不是的！你應該盡量去安排、去追求外在的一切美好，但不應當在追求的過程中，或追求不到時，被煩惱所包圍，你有能力於外在未安排妥當前，就已經全程享受到那份安寧與滿足！這份滿足不必等到一切安排妥當後才能擁有！若是這樣的話，那你所能擁有它的時間未免也太短了！況且就算外物都被你一一擺平了，你一定能握有那份安寧嗎？這眞是個大問號！因爲那份感覺根本就不在外！而我們卻常常忽略這個唯一的目標，不斷的在錯誤的方向上努力。就如佛陀在《大乘本生心地觀經》第九裡面所說的：

爾時佛告彌勒菩薩摩訶薩言。汝善男子，當修學者，但有一德，是人應住阿蘭若（寂靜解脫）處，求無上道。

譯「那時佛陀告訴彌勒大菩薩說：「你們這些善信啊！正在修行的人，只要能行持一個好的法門，這個人就可以證入到非常寂靜解脫的境界，求得無比殊勝的道。」」

云何為一？謂觀一切煩惱根源即是「自心」。了達此法，堪能住止阿蘭若處。

譯「要行持哪一個殊勝的法門呢？即是『觀察到一切煩惱的根源，就只發生在自己內心的位置上』。找到了內心這個煩惱賊窟的位置後，才有辦法證入最寂靜解脫的境界。」」

所以者何。譬如狂犬被人驅打，但逐瓦石不逐於人。未來世中住阿蘭若新發心者亦復如是。

譯「修心為什麼一定要先找到內心這個煩惱的賊窟呢？譬如一隻瘋狗被

人追打，但這瘋狗只追咬打在牠身上的瓦石，卻不追咬丟出瓦石的人。末來末世發心想要追求寂靜解脫之道的修行人，也會犯了和那瘋狗完全相同的毛病。」）

佛陀這段話的意思是：修心的人常常找錯焦點，一個修心的人沒有先在自身上，找到使他煩惱不堪的這個內心的賊窟在哪兒，卻以爲努力擺平外在的一切，就可以得到清靜解脫，最後當然是徒勞無功了。

（二）「腦中的邏輯」與「內心的感受」分不清：

探索內心的過程，就是由辨明「邏輯」和「感受」的不同而開始的，我們除了要聽懂意念的聲音，更重要的是要去分辨出你「內心」的聲音！你得分辨得出多半什麼時候你會去聽從意念的指示，而什麼時候你卻聽命於內心的感受！**看清眞正擾亂你的，是腦中的邏輯思考？還是內心的感受？**

這對你來說，是非常重要的一堂課。因爲「腦中的思想邏輯」與「心中的感受」雖然也常結伴同行，但它們根本是截然不同的！

這世間存在著兩種混淆式的安寧，有一種安寧是未曾去過那裡的人，依據一套邏輯的公式所製造出來的，就像人們常想：「如果我已擁有這個、已擁有那個，或如果我已擺平了這個、擺平了那個……那時我必定會感到非常的滿足與祥和！」這種滿足與祥和是根據一套思維邏輯所計算出來的。但到達那裡的富豪或成功人士們都知道，即使他們整天睡在金庫上，或整日生活在掌聲中，也不一定能擁有片刻的安寧與滿足！

而另一種安寧與滿足是超越邏輯與公式的，它不必依靠任何想法與計算，它是直接充滿在內心的，它是用「感受」去得到的，不是想像的，不是邏輯的，不是計算的，而是用「內心」去「感受」的。

你可以很會計算，也可以不會計算，但當你的內心感受到安寧的那一刻，它已經是你的了。你可以很富有，也可以是個窮光蛋，但只要你的內心感受到安寧的那一刻，它就已經是你的了。假如你想要擁有眞正的安寧與滿足，那必須往你的「內心」所能感受得到的方向去努力才有用！

心靈的滿足不能只是用想的，譬如，我想要很平靜、我想要很喜悅；或我應該很平靜、應該很喜悅……不能只是光去想，而是要能去「感覺」到！因爲平靜是內心裡的一份「感覺」，喜悅也是一份「感覺」！我不需要用推理去分析每一種感覺，而是要在內心裡眞實的去「感覺」！

只有邏輯思維解決不了你的渴求，你可以在腦中想像你正快樂的喝著水，但那是空虛的，那不能使你眞正感覺到解渴！滿足是一種「感覺」，而不是一種思維！同樣的，平靜也是一種「感覺」，不是一種思維。感覺到那份平靜，才叫平靜；感覺到那份滿足，才叫滿足，而不只是去想那兩個字，不只是牆上掛著一個標語，寫著「我要平靜」！或是用計算式去分析「平靜應該是什麼感覺加上什麼感覺」，這樣掛了一輩子也不能瞭解什麼才是眞正的「平靜」！

感受沒那麼複雜，但這「感受」不能透過語言，不能透過文字，不能透過邏輯思維，它是那麼的單純，它就只是一種充滿內心的「感受」！因此這件事的主軸是「感受」，而不光只是「思維」！進入「感受」，你才能接觸到「內心」的領域！

因此，不斷的加強你的腦袋中的邏輯能力，或使你的腦袋更充滿光明的想法，就能遠離不安或感受到那安寧與祥和嗎？或是像那些偏激的頑空者，試圖鍛鍊自己的腦子，想要徹底的熄滅腦袋中所有念頭的發生，這樣就能遠離由「內心」不斷湧起的不安與躁動嗎？這便是使世人對這個「內心」的工程陷入撲朔迷離的第二大陷阱了！

很不幸的，也很湊巧的，實際上「思維」與你所追求的「安寧」，它們經常一起發生，因而使得你再度陷入另一個錯誤的指引中！若是它們不會時常一起出現，那麼你便可以免除這層迷惘！然而在你感受到安寧的某些時候，或是陷入不安的某些時候，「腦中的想法」與「心中的感受」確實是常常在一起的！這對我們這些混淆不清的眾生來說，眞是個大不幸！

雖然這兩者有時這個先出場，有時那個先出場，但一般而言，總離不開結伴而行的模式，就好像是個連體嬰似的。以致人們常在這個關鍵點上混淆不清，使你很難分辨出「思維」與「感受」原來是有所不同的，使你無法分辨出它們誰才是「正在感受到不安的主角」！眞是好狡猾的對手！

邏輯與感受常常混淆就在於，有時我能去想像很美好的事物，因而得到短暫的美好感受，因此我們便誤以爲只要想就行了。然而有時卻又不行，例如在很炎熱的太陽下，任你怎麼想「我不熱、我不熱」，但你的內心會說「眞是太熱了！」這時你才發現原來它們是不同的，它們根本走在不同的軌道上！

然而它們常常結伴同行這一招，使得我們所要尋找的眞正主角，再度躲到了一個非常隱密之處，上一次它選擇躲在「外境」的背後，而這次它選擇躲在「邏輯」的背後，使你一直以爲是腦袋瓜裡的邏輯思維，或是念頭出了什麼問題，這招欺敵之計，再度使你偏離安寧與滿足的主軸。使你再度被誘騙到一個完全錯誤的方向上，去浪費你畢生的生命與精力！

這過程中你可能找到一位很會開導人的老師，很會講哲理的老師，他能啓發你的光明思想，他告訴你面對生活時應該這樣，應該那樣，你就可以得到安寧與滿足了，使你聽得感動萬分；或是你找到了一位很有深度的禪師，他告訴你如何能一念不起，如何讓腦波停止，使你聽得既玄又奇、法喜充滿，然而短暫的感動與激情後，你發現你還是沒有得到期盼中的安寧與滿足。因爲你與它走在兩條平行的鐵軌上，它們只是結伴而行，然而卻不可能有交集。

(三)「身體感受」與「內心感受」分不清：

身體各部位的大小感受，總是時時在發生的，有些身體的感受使內心覺得舒服，有些身體的感受使內心感覺不舒服。像是勞動、流汗，就常使都市人覺得心情浮躁；而輕鬆的按摩、或吃些好吃的食物，常使人覺得心情很好。因此你那「內心」的感受好不好，也常與「身體感受」結伴同行。這回它選擇躲在「身體感受」的背後，使得人們不加思索的以爲，擁有安寧與滿足的辦法，便是在於去除身上那些不喜歡的感受，或是讓身體充滿很多好的感受。

是的，有時可以用這樣的辦法達到短暫的效果，但有時卻並非如此。試看那非常富有的人，伸手一招就有好幾個傭人打點他生活的一切，穿得綾羅綢緞，吃得山珍海味，把他服侍得舒舒服服，但他的內心卻未因此就能得到安寧與祥和。可見這內心的安寧與祥和，與身體的美好感受是完全獨立的，不幸的是因爲它們常常結伴而行，因此又使人們一再的被誤導了方向。

這樣的人常成爲美食主義者，或享樂主義者，不斷追求感官的美好刺激；而其中亦有一小部分的人，因爲瞭解了身體感受對人的影響，因而進入內觀修行的領域，但也因尚未覺察到「身體感受」與「內心感受」其實是有很大差別的，因此所觀照的範圍只停留在肢體各部位感受的實相上，而獨漏了最難以觀察、也是最需要觀察的「內心」這方寸之地的樞機，因而使得他們的努力修為成效大打折扣，也使得努力的方向，再度受到扭曲。

就如以上的三項分析，人們的「內心」常與外在的境遇、腦中的思想、或身體的感受結伴同行，故而導致人們常誤以為問題是出現在這三者身上，因此這三組連體嬰很難有機會被清楚的分割，當然藏在每個人「內心」中的單純眞相，那個本自具有的安寧與滿足，也就遲遲無法被世人認出，這便是今日眾生遲遲不能認識內心安寧的主要原因了。

內心藏在身體的何處？

那麼這個人們失落已久的「內心」，究竟是藏在身體的何處呢？它應該有個位置嗎？如來佛在《楞嚴經》卷一裡說「既不在內，亦不在外，不在中間，俱無所在，一切無著，名之爲心。」而也有不少的古聖先賢曾說過「道心四大周流無所不在」，這樣看來心好像是無所不在的，是沒有位置的，這是古聖先賢的共識，因此你會質疑，爲什麼我卻說心是有個位置的呢？

是的，這兩句話當然是非常正確，但也正因爲對於這兩句話的片面誤解，成了今日眾生遲遲無法尋覓到我們「內心」的主要原因！爲什麼我說這是個誤解呢？因爲這兩句「心無所不在」的話，指的是已經解脫所有「煩惱罣礙」的「道心」，而不是指正在受煩惱枷鎖的「人心」！

悟透這「道心」的覺者，不論外境發生什麼變化，或身中升起什麼感受，對他們來說，總是未曾分別、未曾取捨，總是平等無二，不只外面發生的事罣礙不了他，身中發生的感受也罣礙不了他，就連「內心」這一方寸之內的起伏動盪也了無意義，也罣礙不了他！「身內」沒有能罣礙他的，「身外」沒有能罣礙他的，就連「心中」的發生也沒有能罣礙他的。

這「道心」不受任何內外位置的動盪所控制，再也沒有什麼動盪能罣礙得了它，它已無所不自在了。因此如來佛說一個解脫者的「道心」應該是「既不在內，亦不在外，不在中間，俱無所在，一切無著」的。意思是裡面沒有罣礙、外面沒有罣礙、心中也沒有罣礙，處處有眞覺，無處不自在，任何地方都沒有一絲一毫的執著存在。因此「道心無所不在」這句話當然是非常正確的，也是我們終其一生所應追求的目標。

然而這句話用來形容正在被煩惱痛苦所束縛的眾生也適合嗎？不適合的！因爲眾生的心是無所不執著的「人心」，而不是一切無著的「道心」！

眾生一想到公司的不如意，內心便罣礙著公司；想到家庭的不如意，內心便罣礙著家庭；想到某個可恨或可愛的人，內心便罣礙著那個人；身中有好的感受或壞的感受升起，內心便起了貪嗔；尤其是內心一感受到起伏動盪，更是讓他久久不能自已！

也就是說眾生的「人心」是「既執著內，又執著外，也執著心中，俱有所在，一切有著」的！因此，那煩惱罣礙的「人心」，並不適合「道心四大周流無所不在」，及「一切無著，俱無所在」這樣的句子。

若把我們這究竟解脫的句子，強加在初學飛相掃心的人身上，這就像我們用「武術的最高境界是沒有招式的」這樣的話，去取笑一個正在勤練招式的學武者一樣的不適合。說這句話看起來好像很內行，但其實在眞正內行人眼中，正足以暴露說話者的一無所知！然而長久以來，疏於觀察者，或是高談闊論者，總是助長這種張冠李戴的情況不斷發生，無怪乎「修心」這件事說似簡單，其實早已混淆得比登上月球還要難了！

破解謎底的唯一方法

那麼凡夫那個「煩惱罣礙」的心是有位置的嗎？是的，內心的「痛」是有位置的！內心的「喜悅」也是有位置的！不然你怎能感受到它的存在呢？而如何知道它是有位置的呢？只有一個辦法能破解這個謎底，那就是用你的「內心」去感受看看！

這件事不能用「想」的，不能用「思維」的，思維是腦袋的事，而內心的作用是用來「感受各種情感」的，內心是「感受」的領域，而不是「思維」的領域，它們雖然常常結伴而行，但它們是很不同的。因此，在你的內心有任何「感受」時，有任何「心情」時，用手去摸摸你的內心，你便能摸到它的位置！

感受一下，內心的「痛」沒有位置嗎？沒有位置便不在你身上，不在你身上你怎能感受到那個「痛」呢？這個「痛」若你能感受得到，那必是在你身上，在你身上就必定有個位置，不然你用哪裡去感覺呢？這聽來很令人迷惘是嗎？是的，這不是思維與邏輯可以解釋的，但你何不用你的手去摸摸看呢？仔細的體會看看……

當一個做錯事的人，說我的心頭好沉重、好內疚時，會用手按著哪裡呢？

當一個失戀的人，感到椎心之痛、痛心疾首時，會用手揪住那裡呢？

當一個受到欺侮的人，感到義憤填膺時，會用拳頭捶哪裡呢？

當一個受幫助的人，表達他的滿懷感動時，會不自主的用雙手抱哪裡呢？

當一個人忽然受到驚嚇，想去撫平那情緒時，會不自主的拍哪裡呢？

當一個人說這是我的「由衷之言」、「肺腑之言」，會用手指向那裡呢？

當一個人叫人「捫心自問」、「摸摸良心」時，會將手摸向哪裡呢？

當一個人喜悅的時候，內心「癢癢的」，那個感覺在哪裡？

當一個人發出慈悲心、愛心的時候，那個慈悲與愛的感覺在哪裡？

你有沒有發現，全世界不論哪個國度、哪個宗教、哪個年齡層的人，當他們形容自己各種好壞的心情感受時，都會不由自主的指向自己的「胸膛正中央」！難道這只是一個巧合嗎？不！這不是巧合，而是鐵的事實。它是全人類共同的「情感感應中樞」，也是全人類感受「內心」的所在！

就像其他的感受一樣，凡有「感受」是必有位置的，好比你用哪個位置去感覺你的牙痛？全人類牙痛時，很自然的都會指向「牙」的位置；你用哪個位置去感覺你的胃痛？全人類胃痛時，很自然的都會指向「胃」的位置；你用哪裡去思考？全人類思考時，自然會發生在「腦袋」的位置。而你用哪個位置去感覺你的「內心」呢？感受看看，摸摸看，你會發現全人類都用「胸膛正中央」這個位置去感受他們內心深處的情感！

因爲這個位置有各種情緒的感覺，所以人們才會不由自主的往那個地方摸去。這是人性之本然，是人類共同的語言，身爲「同類」的人們，沒有誰能例外的。即使是非常反對這個說法的人，當他受到自己「內心」的各種感受所衝擊時，他依然會不由自主的用手指向自己的胸中，他已用了非常明白的行動，來證明自己的錯誤！

是的，感受各種心情的位置，也就是「內心」的位置，確實是在我們的「胸中」無誤的！這存在人類胸膛正中的情緒感應中心，它不是一個有形的器官，而是一個「能量」起伏的感應場，是「氣」的感應場，因此即使是成了神佛，祂的慈悲還是由這裡發出的；或是成了鬼魂，祂的貪嗔還是由這裡發出的。這是人神鬼魂共同的情緒感應場，它正是古人所說的心頭、心地、方寸、寸衷、心坎、內心等名詞的所在地。

那麼這「人心」究竟在胸中的什麼位置呢？我們又要如何找到它呢？爲了解開這個疑惑，佛陀特爲眾生演說了《大乘本生心地觀經》，經文中眞是「直指人心」，直接指出修行時觀照內心的位置，佛陀爲了引起我們的注意，更在經文中盛讚這部經爲「眾經中王」！可見這學問是如何的重要了！

顧名思義，這部經就是要指引眾生正確的去觀照心地（內心、人心）而設的，然而這馬上又碰到一個問題，那就是在茫茫的經海裡，大家都只讀《金剛經》、《心經》……究竟有多少人曾看過這部《心地觀經》呢？而看過的人中，又有幾人眞的看出它的內涵呢？而經中佛陀要我們觀照的內心位置，究竟指的是身中的哪裡？以下這段文殊師利菩薩與佛陀對談的經文，便是唯一的答案了。

《大乘本生心地觀經》第十一：

爾時文殊師利菩薩白佛言：「世尊，心無形相，亦無住處。凡夫行者最初發心，依何等處？觀何等相？」

譯 那時文殊師利菩薩請問佛陀說：「世尊啊！照我的理解，心是沒有形相的，也沒有一定的地方，但是凡夫或行者想要開始發心修行，要從哪裡開始觀照他的心呢？又要做什麼樣的觀照才方便入手呢？」

佛言。善男子。凡夫所觀菩提心相（解脫自在的心），猶如清淨圓滿月輪，於胸臆（胸中兩乳之間）上明朗而住，若欲速得不退轉者。在阿蘭若（清靜處）及空寂室。端身正念（靜坐之意）。冥目觀察「臆中明月」。作是思惟，是滿月輪五十由旬（長度計算單位，可指極大，也可指極小），無垢明淨，內外澄澈最極清涼。月即是心，心即是月，塵翳（塵埃遮蔽）無染妄想不生，能令眾生身心清淨，大菩提心堅固不退。

譯 佛陀回答說：「想要修行的善男信女啊！眾生們想要觀照解脫自在的

心，應當想像一輪清淨圓滿的月輪，在胸膛兩乳之間的位置朗朗的高掛著，如果想要快速讓心得到定靜而不再退轉，可以找一個清靜空曠的地方，端正身體靜靜坐著，閉上眼睛，往內觀察『胸中的那輪明月』，並作這樣想像：那圓滿月輪的光芒可照到五十由旬那麼遠，足以遍照身中這個小宇宙，那月光絲毫沒有污垢，非常清明潔淨，那皎潔的月光使得身體內內外外都非常的清澄明澈，非常的清涼。此刻這月輪的位置就是你內心的位置，而你心中的能量就比喻為這輪明月的光芒，常常觀照著這股皎潔的能量與光芒遍照身心，沒有一點塵埃的遮蔽，也沒有一點分別妄想，這樣就能讓衆生的身心漸漸得到清淨，究竟的解脫自在也能堅固不退。」）

觀照心地的經叫我們觀照胸中，那是因爲人心喜怒哀樂發生的位置，就在我們的胸中。而佛陀要我們把內心想像成一輪明月，那是因爲胸中情緒的起伏本是一股能量的變化，而能量本無貪嗔分別的意義，就像皎潔的月光一般，只是一種光的變化，何來貪嗔妄想呢？因此佛陀將月比心，將心比月，最後希望的是眾生因此了悟心中能量本無意義，而解脫人心的枷鎖，得證清淨與自在。

由這段經文的指引我們可以知道，充滿煩惱罣礙的人心是有位置的，而這位置如來佛已經在經中用「於胸臆上明朗而住」的話語，直指出它的位置就在我們的胸中了，眾生還有什麼好懷疑的呢？

古印度瑜伽行者知道人體中主要的能量場有七個輪，胸膛正中這個能量場被佛陀定名爲「心輪」，因爲佛陀深知這個能量場，正是負責感應人類一切正面、負面情感起伏的感應中心，也就是「內心」的所在。佛陀說「直指人心」，既然可以用手去「指」，當然是有位置的，而其所指的便是「心輪」這個地方。

這兩乳正中的位置，道家稱爲「中丹田」，在古老的醫書上名爲「膻中」。五千年前的醫書《黃帝內經》裡說：「膻中爲氣海。」故知此處是人身中氣機最爲精粹處，也是氣機起伏最敏銳處，當然也正是人們感覺最靈敏處，因此才足以成爲人們的情緒中心；又云：「膻中者，臣使之官，喜樂出焉。」因性爲君，心爲臣，所以「臣使之官」指的就是「內心」所在的地方。此處的氣機一動，我們的內心立即感受到震盪與不安；而「喜樂出焉」這句話，更說明了它正是人類所有喜怒哀樂及七情六慾，及所有正負情緒發生與感受的地方。又云：「膻中者，心主之宮城也。」這句話更直截了當的說出人們終日所追尋的「內心」就在這個位置無誤了！因此想要認識內心的那個家，不從此處內微微動盪的能量起伏來認識起，勢必陷入無的放矢的窘境了。

古老的中國有個修行人叫錄圖子❻，講《黃庭經》五十卷，其中的「黃

❻ 帝嚳時的修行人。

庭」，指的也正是這個位置。而爲什麼要稱這個內心爲「黃庭」呢？「黃」是五色之中，象徵五行的「中氣」，也就是無極之眞所賦予人者，這字代表它是人身最中正精華、感應最敏銳的一股「氣」；「庭」是象徵元神所居的神室，也就是這股精粹敏銳之氣所存在的地方，這就是「黃庭」這兩字的由來。

在《聖賢實學》這本書裡面，對於黃庭一竅的功用及位置，有幾段非常詳細的記載：「黃庭在何處？在脾胃夾中處也。脾屬土，因土之色黃，故曰『黃』；此穴是神明之舍，虛靈之府，元神之家庭，故曰『庭』。此穴乃脾胃夾中虛懸一穴，故儒曰腔子，又曰衷。因脾爲土，故儒曰心地。此穴約廣寸餘，故儒曰方寸，又曰寸衷。此穴其形似田，故儒曰心田，道曰中丹田。此穴上通心，下通腎，此穴居中，故儒曰中，又曰中心。此黃庭諸般異名之義也。」

又說：「後天父母五行之氣，散於周身，而統於黃庭；先天五行之氣，聚於黃庭，至虛至靈，主宰一身。黃庭一穴，一寸三分寬，在脾胃夾中處，離外肉皮三寸三分。黃庭爲心田，心居黃庭。未發爲中，發而中節[7]爲和，此中和之根源也。」

而《修眞捷徑》這本書說：「元神識神居於黃庭，爲神明之舍，虛靈之府。維皇降衷，降於此處；心存腔子裡，存於此處。」既然「維皇降衷，降於此處」，也就等於「這就是我所在的地方！」因爲我的憂傷在這個地方發生，我的喜樂也在這個地方發生！我的罣礙是起於對這裡小小發生的一場誤會，當然我的解脫也是起於對這裡小小眞相的認識！

因爲人生中內內外外的一切，最後都在這裡感應著，也都在這裡發生著！雖然這一股「氣」實際上從未代表什麼意義，然而由於它的感應是那

7 音樂合節拍；喻切中本性的節律。

麼的敏銳多變，給予人們太多的感受，因此長久以來，眾生在不知不覺中，早就習慣以這裡所有的大小感覺爲「我」了！

好比這裡的氣稍微一動，人們就說「我心動了！」這裡的感覺稍微一酸，人們就說「我心酸！我心碎了！」這裡的氣稍微一沉，人們就說「我好沮喪！」雖然這裡面存在著很多的誤會等待釐清，但此刻這裡不知不覺中已成了眾生的「家」，是眾生「喜樂與安寧」的家，更是眾生所有「煩惱與罣礙」的家！它眞是一個讓人百感交集、又愛又恨的家！然而卻鮮少有人進過這個家的廳堂，因此一直無法揭開它的眞相，更無法逃脫它的控制！

因爲這個「家」一直躲在那三根巨大的柱子背後，使得自古以來的無數眾生，很少有人能夠發現它的存在。即使是習於觀察自己心思數十年的修行人，依然很少人感受到這小小的一方寸之地，對於修行到底有什麼重要性！它實在是躲藏得太隱密了！

希望經由以上幾則古人智慧的引證，有助於引領讀者去體驗黃庭這一竅，實是人類「內心」所在的共同事實，並非我敢任意編纂。我蒙天之佑，在微妙機緣下，有幸得窺此竅內的小小眞相，因不敢私藏，欲竭盡所能公諸於世，然而很多前賢大德初次聽到這個說法，不是感到極為陌生，就是高唱「道心無所不在」的論調，而將這「直指人心」的學問批為無稽之談！此乃勢之必然，還望君子海涵莫笑。

我很喜歡「黃庭」這個名字，原因不僅因爲這名字出現在五教創立之前，超越宗教派別的限制，更因爲「黃」這個字，足以顯示出它是由一股氣、一股能量所組成的，又顯示出這股氣來自無極的中和、精粹、敏銳等意義；而「庭」這個字還顯示出這它原是有「位置」的。因此我以「黃庭禪」來作爲這個「直指人心」的禪學名稱。

古人所謂的「禪」，是以照見自性本來清淨的眞相，而獲得自在解脫的學問。因此直接觀照罣礙於黃庭一方寸裡，那股感應敏銳的氣機起伏眞相，解下深埋在這「人心」裡的所有綑綁與煩惱，享受無所不自在的喜樂與禪悅❽，進而與古人所謂「四大周流無所不在」的「道心」相接軌，這便是余之所以創辦「黃庭禪」這個直指人心的禪學內涵所在。

爲什麼我要反覆的說明這個位置的重要，以及證明這個位置的存在呢？因爲一切外在的境遇、外在的事物以及一切肢體中的感受，之所以能夠煩惱人，那是因爲它們在發生的同時，已轉換成你「內心的動盪不安」才能煩惱你！若是這些發生依然存在，而你的內心卻無動於衷，或依然安寧祥和，那麼任由外境怎麼動盪，怎麼衝擊，你依然可以怡然自得，依然可以處在祥和、滿足之中。

由此可知，眞正使你陷入各種情緒的煩惱罣礙，使你久久無法自拔的關鍵，只存在你那「內心深處」的一丁點兒起伏而已！這才是唯一的關鍵！雖然它一直以來都躲藏在外境、思維以及肢體感受這三支巨大的柱子後面，使得我們沒有機會一窺它的單純面貌。但也因爲它有時與外境的變化一起出現，有時是與思維一起出現，有時卻與肢體感受一起出現，所以我們知道它其實是單獨存在的，它只是善於躲藏而已。

眞正的「你」已躲藏很久了，通往你「家」的地址也已失落很久了，你的「庭院」已好久不曾清掃了，你被一連串的誤解所埋沒，你的單純、你的美、你的生命律動已埋沒在煩惱罣礙之下，因此你無法見證你的單純，無法看到你家裡的美，無法享受那源自生命的本來律動，無法享受無所不在的喜樂。

揭諦吧！揭開眞諦吧！揭開那層層的誤會，直探本來的單純。爲什麼我稱你那「內心」的本來面貌爲「單純」呢？因爲在那兒的實相只有簡單的能量律動，只有簡單的能量感應，而那能量的律動就像水的奔流一樣，它本無意義，本自清淨，本自活潑，但我們卻在那一丁點兒本無意義的能量起伏上，豎立起貪嗔痴愛的形象！

因爲這「黃庭」深居胸中，感應非常敏銳，長久以來只要它一動，人們就認爲自己已經動心，我們幾乎把它完全認作是我，認作是我的「心」，因此人們常摸著它說「我」！或指著它說「我的內心」！而實際上這又是一個更大的誤會！因爲這裡面有的只是一股感應非常敏銳的氣而已，它的來去起伏本可以不代表任何的心情意義，而人們竟在這單純上面攀附無盡的對待❾取捨，造成今日不可收拾的局面。

只是一個誤會埋沒了眞正的你，所幸那個單純的你依然存在，那個美、那個暢然的律動仍然存在。揭諦吧！揭開這眞諦吧！只是學習觀照你的「黃庭」，揭開本有的眞諦，在眞諦下沒有對待取捨，沒有國界的限制，沒有宗派的差異。好比研究「傷心」，我們不需要去區分這是基督教的傷心，還是佛教的傷心；研究「憤怒」，我們也無須去區分這是猶太教的憤怒，還是道教的憤怒。而研究「內心」，又豈需要去區分哪個宗教的「內心」呢！因爲這是全人類都共通的自然現象，它單純到絲毫不會因爲種族或教派的不同而有任何差異。甚至不會因爲你的懷疑、辯論、誤會而有所差異。

請不要誤會「黃庭禪」這學問是要消滅你所有感覺，不是的！它只是要教導我們去認識它未攀附前的單純；也不是要使你的內心變得沒有感情，不是的！而是要教導我們如何不再受到它的罣礙；也不是要努力的把你的腦袋變成沒有任何想法，不是的！而是學習不再讓腦中的想法與內心的感受混淆不清；也不是要使你的心罣礙於黃庭，不是的！而是要教導你如何超越「人心位置內的限制」，而進入「無所不在的道心」。就只是這麼

9 區別你我、是非、好壞、對錯等對立的心態。

單純而已，而這「單純」也正是黃庭禪這學問的困難之處！

然而進入這個「返觀❿內心」的學問過程，你還會碰到三個頑強的困難。而這三個困難，正是黃庭禪所要陪著你一起渡過的：

（一）對初學者而言，「內心」這個情緒感應點的位置，在情緒平和時非常隱微，除非常靜下心來觀察，否則不易發現它的蹤跡。但在稍有情緒時，只要你一返觀，情緒立即就平復了不少，好像又回到喜怒未發前一般，故也難以掌握。而情緒很大時，雖然胸中那一團能量已非常明顯，但在情緒的挾持下，一般人根本無暇觀察，也不願觀察！因此如何仔細的去感受你「內心」的位置，這是你將面臨的第一個難題所在。所有不認同內心位置的人，或是那些高唱「心無所不在」的人，幾乎都是未能真正靜下來聆聽自己內心深處的人。

（二）雖然你已微微感受到「內心」的位置，但由於它依然善於躲藏在外境、思維以及肢體感受的背後來擾亂你的視聽，因而在觀照黃庭的過程中，你的注意力將會不斷的被誘惑到這三根巨大的柱子上去，你可能會因爲不斷的與這三根柱子混戰，而再度陷入迷惑與浮躁之中。

（三）即使你已確切掌握黃庭的位置及情緒感應形態，然而你所感受到的，卻都是長久以來所堅實攀附的對待情識，而非清眞單純的能量實相！因此你無法嘗到煩惱的當下，即是菩提當下的眞義，你無法體驗到動盪中同時湧現的眞靜。這必須經過一段時間的帶領及練習，但在這段尚未有所突破的過程中，你會對於能否透過觀照「內心」實相的訓練，而找到本自具有的安寧與滿足，一再陷入巨大的懷疑與掙扎。這三大難題將使你一再的質疑「返觀黃庭」這個學問的可行性，因此

10 把注意力拉回到自己的身上，以便覺知自己身心的狀態。

我們設計了黃庭禪這樣的短期禪修課程，在動靜態中不斷的體驗練習，爲的就是幫助學員能克服以上這三個難題。

雖然目前科學還無法檢驗出你內心的渴望，但你可以感覺看看！若是這個基本的呼喚，能引起你「內心」的共鳴，或是你已可隱約觸摸到「你」的位置，那麼黃庭禪能指引你一步步回到自己的「家」，讓你再度認識你本來的單純、你的安寧、你的祥和。帶領你由這一方寸的罣礙與誤會中，去看透在這小小心田裡，本自安寧的眞相。

首先你得確定，你的束縛一直都只在你的「內心」發生，一直都只在這一方寸中發生，因此認得出這一方寸內的所有發生，解脫得了這一方寸內的束縛，才有機會邁向「一切無著，俱無所在」的解脫眞境。現階段若忽略了你「內心」中已存在的所有罣礙，卻想要證得那無所罣礙的道心，這就像空中樓閣一般，一切都將淪爲空談！因此現階段來說，找到那個「煩惱人心」的位置，是你修心路上的第一要務！

就像《楞嚴經》裡如來佛對阿難說：「阿難，汝等必欲發菩提心，於菩薩乘生大勇猛，決定棄捐諸有爲相，應當審詳『煩惱根本』！阿難，汝修菩提，若不審觀『煩惱根本』，則不能知虛妄根塵何處顚倒。處尙不知，云何降伏，取如來位？」

如來佛所說的「煩惱根本」即是你那一切煩惱所上演的地方——「內心」！若不找到你內心煩惱顚倒的位置，便無法看穿煩惱顚倒的種種眞相。如來佛語重心長的說，一個人連自己內心的煩惱位置在哪兒都不知道，如何能降伏煩惱而步上究竟解脫的道路呢？

認出你內心的位置來，看穿內心的煩惱眞相，解脫煩惱的束縛，進而開啓性命中的本然造化。回「家」吧！聆聽你的內心！這將是你一生中最似曾相識的選擇！

第二部

32把鑰匙開啓一生的寧靜與自在

在我講解經典的十幾年裡面，常看到眾生們受困於文字的障礙，錯解了經意，身陷在各種錯誤百出的修行方式裡面而不自知，這些現象實在令我感到非常的心疼。因爲一旦修行方向出了錯誤，不僅要修正回來非常困難，等到再回首時，往往已經錯失三、五個年頭了！一個錯誤回頭要三、五年，十個、百個錯誤回頭要多少年呢！因此我想要爲眾生寫一本集子，試圖把在修行道路上，最常被眾生誤會的一些「專有名詞」加以解釋，以避免眾生一再奔走於錯誤的修行知見⓫上。

所謂「專有名詞」指的是某個行業特定使用的名詞，除了熟悉該行業的人以外，外行人是很難知道它的意義的，若是一個外行人要靠著字面的意思去揣測其中涵義，勢必會錯誤百出。各行各業都有一些專有名詞，「修行」這個領域當然也不例外，各教聖人爲了表達言語之外的心性境界，因而發明了非常多的「專有名詞」來形容心性的本質。而這些專有名詞的眞實意義，與文字的表面意思往往有著天壤之別。因此人們從一個眾生的角色，一腳踏入修行這個領域時，卻以著過去對文字的瞭解，來讀超乎對待的經文，這勢必造成諸多的誤會而不自知的。希望藉由本書中的解釋，使眾生都能直探心性的本源，免去錯誤知見的牽累，珍惜寶貴的生命，精進於正法。是爲盼！

11 認知見解；看法。

1【無】

爲什麼在本書第二部的一開始，我要先解釋「無」字的誤會呢？因爲人們對於古聖先賢有太多的誤會，都是起源於這個「無」字，由於人們對這個字的誤解，使得自己走入與古聖先賢完全不同的死胡同而不自知，使得眾生總是大嘆修道太難了，不然就是譏諷古聖先賢的道理根本無法運用於日常生活中！

例如我們把「無念」解讀成腦袋不能有一個想法！把「無對待」解讀爲不去區分是非善惡！把「無物」解讀爲世上終究沒有任何東西！把「無相」解讀爲不能有美醜及形象的看法！把「無我」解讀爲靜坐到身上沒有一點感覺！若是依照這種見解，這個「道」只能停留在你的幻想之中，絲毫不能應用在你日常生活的每一刻了！

因此在一開始，我要先解開老祖宗所說的這個「無」字的意思，因爲它關係重大，這個「無」字若明瞭了，不僅包括佛家的無念、無物、無相，以及道家的無爲、無我等疑問也解開了，甚至包括人們對儒家痛批了好幾個世紀的「女子『無』才便是德」的誤會，也將一併解開了。

那麼「無」是什麼意思呢？這個「無」字是「本有而無之」的意思。是「某些東西雖然存在，而你的心卻不與它起煩惱」，因此稱爲「本有而無之」。而此處所謂的「某些東西」除了可以指世上的萬事萬物外，也包含著發生在每個人身心中的各種感受、心念活動等等。

例如我站在一個車水馬龍的十字路口，車潮人潮無比吵雜洶湧，但這些現象一點也不妨礙我的清靜與自在，我對它的存在不升起任何煩惱罣礙，我仍怡然自得，它們的存在對我而言毫無危害，而且值得欣賞。因爲此刻這些現象不逆於人潮車潮的自然，也不逆於我心性的自在，因此稱爲「無」！這種「無」是心態上的無，不是事物眞的不存在，因此我用「本有而無之」來解釋它。

「無」還有另一層的意思，指的是那些異常的、不對的、可以造成傷害的心念或知見沒了，而那些該存在的、美好的、正確的、有益的心念或知見都還在的意思。佛家也把這種境界稱爲「空」。因此無或空都不是徹底沒有事物，也不是徹底沒有心念或感受，而是一種非常眞實、活潑的正見。

舉個簡單的例子來說明這個現象吧！好比有人問：「王先生，你跟辦公室裡的白小姐之間沒什麼吧！」王先生馬上急著說：「沒有！沒有！絕對沒什麼！」我想各位都明瞭，王先生所謂的「絕對沒什麼」，並不適合解讀爲：我不認識她、我不曾見過她、我們不曾講過話、我們不曾共事過……等等，因爲兩個同辦公室的人不應該是這種情況，而且這些也都是正常而有益的事，沒什麼不能存在的。王先生口中的「絕對沒什麼」，指的是「不該有的關係都沒有，該有的關係都還在」的意思。

古人所說的「無」都類似這個意思，是指不該有的都沒有了的「無」，而不是徹底無到該有的都沒有了！因此在這個定義下的「無」或「空」，本身非常健康、活潑、有彈性、有用處、對人類有貢獻。而現代的人常誤以「沒有東西、沒有感覺、沒有思想」爲無。這種定義下的無或空，不僅使得生活沒有彈性、不活潑、毫無用處，且令人毫無向上的鬥志，這種「無」或「空」對人類的進步一點意義都沒有，因此古人另外取了個名詞，改稱它爲「頑空」！

這個「無」字，與佛家的「空」字意義相當，因此《心經》的「五蘊⓬皆空」並不是把色、受、想、行、識都給消滅掉，而是可以與色受想行識和平共存，不與之罣礙罷了！可惜的是一般社會大眾看到這個「無」或「空」字時，第一時間很自然的就會往「什麼念頭、感覺、作爲都沒有了」的方

---

12 指色、受、想、行、識等五種蘊藏在心中的情緒能量。

向去推演，由於這種文字障礙的關係，從古至今不知造成多少人往「頑空」的死胡同裡鑽了進去，甚至花了數十年的修持，也還覺悟不出這個根本無法應用於眞實生活的特大錯誤來。

好了！瞭解了「無」字的基本定義是「本有而無之」、「該物的存在對你毫無影響」、「不該有的都不存在，該有的都還在」等意義之後，現在我們要打蛇隨棍上，一舉大刀闊斧的解開無念、無對待、無物、無相、無我、無爲、甚至「女子無才便是德」等，幾個與「無」字有關的經典名詞的本意及誤會，幫助你打破塵封千古的文字障礙，使眾生不再受到頑空的無明之害！

2【無念】

看到「無念」兩個字，第一時間每個人都會誤將它往「腦袋空空的，不能有任何想法」來理解它，接下來爲了達到這種境界，就開始拜師練習打坐，然後用各種數息、冥想的方法，試圖去止住從腦中紛飛出來的一個個念頭。再把這種除了打盹及恍神以外，做了幾十年也做不來的妄見，視爲一重特殊功力來修持與追求。偶爾若是瞎貓碰到死耗子，忽然經驗到一陣輕飄曼妙的美好感覺，就以爲是功力大進的指標（其實此時他的腦袋正在動念），然而這有可能讓他再花費一、二十年的光陰，苦苦追求下一隻死耗子的出現。甚至還有人爲了這個錯誤的文字障礙，苦心發明了一種儀器，可以檢驗出一個人在打坐的過程中，有沒有腦波的出現！這是因爲他們以爲要練到腦中毫無波動，才是「無念」的功力表現！

然而這種見解是聖賢所謂的「無念」嗎？這種見解聖賢仙佛也苟同嗎？我們知道「道在行住坐臥日常中」，這種腦中不起一波的無念，如果是「道」的話，也可以用在你想著工作怎麼進行的當下嗎？也可以用在你計算今天買的菜多少錢的當下嗎？如果不行的話，那還叫「道」嗎？不如我舉幾段經典裡的情節，來看看這種見解古聖先賢苟不苟同。

禪宗大師六祖惠能，在《六祖壇經》裡曾有這麼一則故事，有一位僧人在六祖面前，舉出一首臥輪禪師所寫的偈語對六祖說：「臥輪有伎倆，能斷百思想；對境心不起，菩提日日長。」大意是說臥輪禪師自認練就出一個能讓腦袋不起一個念頭的好本領，對著所有的境遇，內心也不會有一點念頭發出，因此臥輪的菩提道果正日日的增長著。

六祖聽了這首偈語後說：「此偈未明心地。若依而行之，是加繫縛。」六祖說這樣的見解還未曾照見心地的本質，如果照這種「止住腦中念頭」的辦法修持，只會墮入更深的頑空枷鎖而已。因此六祖另外開示了一首偈語說：「惠能沒伎倆，不斷百思想；對境心數起，菩提作麼長？」意思是說，惠能沒有什麼伎倆，不必斷除腦中的各種念頭，面對境遇發生內心必然有很多活潑應機的思想，菩提本性早已具足，止住腦中的念頭又與增長菩提何干呢？

學禪的人大都以「無念」爲宗，但卻忽略了無念在禪宗大師的眼中究竟是什麼意思。由以上這段經文可知，「無念」並非斷除頭腦中所有的思想，而是在「不斷百思想」之中的，並且六祖還說「對境心數起」，也就是思想是可以存在的。

那麼「無念」究竟是什麼意思呢？還記得我們前面說過「無」字的基本定義是「不該有的都不存在，該有的都還在」嗎？這也就代表著「無念」是沒了一部分錯誤的知見，而該有的正確念頭還在，因此內外一切的發生，對你的心性都不會有任何負面影響之意！

那麼「無念」究竟是無了什麼念頭？而又留下什麼念頭呢？這得讓我

再舉《頓悟入道要門論》裡面的一段師徒問答來說明，才能更加明白的。

《頓悟入道要門論》：

問：「既言無念為宗，未審無念者，無何念？」

（譯 學生問：「既然修行是以無念為根本，請問無念是無了什麼念啊？」）

答：「無念者，無邪念，非無正念。」

（譯 師父回答：「無念是沒有邪念的意思，並非連正念都沒有了。」）

問：「云何為邪念？云何名正念？」

（譯 學生又問：「那什麼是邪念？又什麼是正念呢？」）

答：「念有念無，即名邪念。不念有無，即名正念。念善念惡，名為邪念。不念善惡，名為正念。乃至苦樂生滅，取捨怨親憎愛，並名邪念。不念苦樂等，即名正念。」

（譯）師父回答：「內心陷入在有、無等對待知見裡計較時，就叫邪念；內心不計較有、無等知見時，就叫正念。內心陷入在善、惡等對待知見裡計較時，叫邪念；內心不計較善、惡等知見時，叫正念；以及內心攀附苦樂、生滅、取捨、怨親、憎愛等對待知見時，都叫邪念。不攀附苦樂、生滅等對待知見時，都叫正念。」）

從這段師徒的問答裡，我們更可以確定，所謂「無念」並不是腦袋裡沒有一個想法，而是去除令你念念不捨的對待知見而已！而這也正是黃庭禪修課程的重點所在。「無念」這個名詞是修行領域的專業術語，因此不能以字面上的意思來解讀它。就如社會上的各行各業也都有一些專業術語一樣，外行人畢竟很難猜出它指的是什麼，想要精確的掌握不同行業專業術語的意思，你都得要深入其中，才能認清那語詞所指的主軸是什麼，否則便容易陰錯陽差了。

現在我們知道「無念」這個專有名詞，是指在內心感受上拿下了那些令你念念不捨的對待知見而已！而不是內心沒有心念，也不是內心沒有感受，而是在正見下心念與感受都變得對你毫無影響。因此六祖說：「無念者，於念而無念。」這是一種在念頭中無妄見的無念，而不是整個腦子徹底沒有念頭的頑空！

這下你可高興了，原來腦子是可以有念頭的啊！這是多麼值得高興的事啊！我以前一直想讓它停都停不下來，原來動動腦袋並沒有什麼錯呀！是的，就像眼睛能看，耳朵能聽，是值得高興的事一樣，腦袋能想是值得高興的事，而不是麻煩的事呀！只是一部分的對待知見需要認清而已呀，這眞是天大的好消息不是嗎？

不只如此，你的內心也能有各種的感受呀，只是拿下分別知見之後，那一切感受的存在變得對你毫無影響而已。這符合了前面我們對「無」這個字所下的幾個定義，一個是「不該有的都不存在，該有的都還在」，一個是「該物的存在對你毫無影響」。因此念頭及感受都可以存在，也都可以對你毫無影響，只是對待取捨的知見拿下來而已。

上次有個同學對我說，他曾放下一切遠赴外國的一個靜心單位學習，由於對「無念」的誤解，雖然整個道場的人每日不斷對著腦袋高喊著「no mind! no mind! no mind!」好多人在那裡努力了好幾年，花了好多錢，想盡辦法要讓腦袋停下來，但離去時卻依然是「yes mind! yes mind!」他說現在終於明白「無念」的意思，眞是爲大家感到惋惜呀！

現在你可能接著問：「那什麼是『無對待』呢？」這又是經典中很常見的專業術語，同樣的，它指的是某一個主軸下的對待知見，而不是所有一切二元對立的東西，除非你摸透了它的主軸，否則還是很容易錯解意思的。因此接下來我得馬上先解開這一題，否則你將會因爲錯解了「無對待」的意思，而連帶也錯解了「無念」的意思！

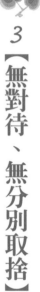

3【無對待、無分別取捨】

人們在深入佛學時，總如瞎子摸象似的，把「無對待」誤解為對任何人事物不分青紅皂白，不分是非善惡，一切對的事、壞的事全都任其發生，有的人則以不斷的包容壞人來顯示自己的寬宏大量，致使生活上很多事情陷入是非不分、錯亂無節的窘境。當然也有人以這「不要對待」的論調，來達到混淆視聽的目的。這不僅是氣死一堆人，也讓人對於佛法與日常生活的脫節無法苟同，然而這實在是源自於一場誤會呀！

什麼是「對待」呢？凡是高下、美醜、好壞、善惡、得失、榮辱、長短……，一切相對立名者都叫「對待」。「無對待」就是各教經論中常看到的不比較、不分別、不取捨、不貪嗔、不好惡、平等心、一視同仁、一體同觀等等的意思。但這並非叫你對一切人事物的好壞都不去分別取捨，而是叫你對於內心湧起的那股氣血感受，不起好惡知見而已！

因爲在現實的生活中，外在的人事物一定得分別取捨才行的，好比紅色與黑色要分得清，高的低的也要分得清，輕的重的也要分得清，好的壞的也要分得清。若是連這些都不分，叫你學好的你卻學壞的，叫你爬高的你卻降低的，叫你往東你卻往西，這樣社會豈不是大亂了嗎？因此要和世上的人們溝通相處，使大家都往有益的方向前進，必定是要分別取捨的。

好比你的小孩出門，你會叮嚀小孩子碰到壞人時要遠離，碰到好人才和他交往，對不對呢？或是因爲你看到佛經裡說不要分別取捨，所以你就告訴你的小孩說：「我們應當不分別取捨，好人壞人不必分，即使是性侵害或殺人的慣犯，你也應該不分別取捨的和他們交往！」你會這樣嗎？不行的，因爲這就好比把小孩送入虎口一樣的危險！

還記得某次有一個學員拿著一個紅色的東西問我：「這是什麼色？」我說：「紅色。」然後他又拿一個黑色的東西問我：「這是什麼色？」我說：「黑色。」他歪著眼很樂的說：「老師呀！你還是在分別取捨嘛！黑的本來也不叫黑，紅的本來也不叫紅，這都是人們的分別知見而已！」我說：「是呀！但你怎麼向人說明這兩種顏色呢？」他說：「只能用看的呀！」我說：「那電話中你怎麼說明這兩種顏色的差別呢？」他說：「你又說『這兩種』！你又在自生分別！」

哎！我聽了好傷心，這人怎麼把「不分別取捨」誤會到這種地步呀！他的頭腦已經完全打結了呀！若是這樣的狡辯叫不分別取捨，佛法豈不是與生活完全脫節了嗎！這種無知的不分別取捨，不僅無法讓任何人受益，反而使整個世界錯亂不已！難道這真是佛法的本意嗎？

那麼什麼才是各教經典裡面的「不分別取捨」呢？實際上這個「不分別」指的並非腦中的意識去分別黑白或高下，而是指你「內心」中那個貪嗔好惡的「情緒感受」！雖然腦中的思考也叫「意」（佛家叫第六意識），而內心的情緒感受也叫「意」（佛家叫第七意識——末那識，也就是「黃庭」），這兩者雖然都會發出「意思」，但內心「好惡感受」的情緒力量，可要比腦中的表意識要厲害得多了！

一直以來當腦袋中的表意識與內心的情緒衝突時，常常都是情緒獲勝的，好比你的腦袋明明知道什麼事不該做的，但當內心的貪愛化成情緒感受的衝動時，你還是照幹不誤！或是你的腦袋明明知道什麼事應該做的，但當內心的厭惡化成情緒感受時，你卻放著它什麼也沒做。這充分的證明，表意識是以內心爲主人的，表意識常常是依著內心的好惡知見在跑的，內心好惡的情緒衝動，其力量遠比腦中的意念要大的多。

當然你的表意識偶爾也會獲勝，但那時內心大多是壓抑不快的，這種狀態下，你的內心隨時都處在蠢蠢欲動的狀態中，隨時準備捲土重來。

也就是說，佛經中的「分別取捨」指的是在你的內心（黃庭方寸中）產生「貪嗔好惡的情緒衝動」時，才叫分別取捨，而不是腦袋想到什麼就叫分別取捨。因爲不論腦袋想到什麼高下、美醜、好壞、善惡、得失、榮辱等情節，只要沒有引發好惡情緒上胸膛，你依然還是清靜理智的。但當情緒一上胸膛時，即使你不斷告訴自己要放下！不要分別！但依然欲清靜不得清靜，依然還在分別取捨中。

因此「對待、分別、取捨」指的並非腦中分別黑白長短的意念，而是指情緒中對於你我、得失、榮辱、善惡等等的計較與罣念。說得簡單一點，「對待分別」指的不是高下、得失等等這些對待的名詞或想法，而是指當下內心所顯現的「好惡感」！

這個「好惡感」就只發生在人們「情緒」來襲的當下，而情緒所發生的地方就稱爲你的「內心」，內心這一方寸就是老祖宗所說的「黃庭」，其位置就在胸膛兩乳的正中，深度約皮下兩三寸的地方！（這一點則需要一些時間的自我觀察才能確定，黃庭禪初階課程所教導的正是這個主軸。）當黃庭內的氣血發生變化時，就是眾生被情緒盤踞控制的同時，也就是眾生好惡分別的知見最爲熾熱翻騰的當下！

好啦，主軸越來越明確了，什麼是「無對待」、「無分別取捨」呢？總歸一句話，就是「沒有好惡」而已啦！而所謂「沒有好惡」，指的不是腦袋不能想到對待的名詞，也不是嘴巴不能說對待的字眼，也不是不能做分別取捨的事，也不是不能有喜怒的情緒表現，而是「在情緒發生的當下，面對胸中湧起的那股能量氣血，還依然保持不貪不嗔的正見！」這便是「無對待」、「無分別取捨」的當下了！

爲什麼可以對著胸中的氣血不貪不嗔呢？由於情緒本是一股翻騰的能量所組成，而該能量的眞相只是一股流動的氣，它不怎麼流動翻騰，本來都沒有貪嗔好惡的意義存在。就像空中的雲，不論用什麼形式去飄動，都不代表任何好惡的意義是一樣的。既然能量本不代表好惡，那就應該回到不代表好惡的眞相來看它，這才是一個覺者的正見，若離開這個正見，都叫「無明」了！

因此當情緒湧起時，只把情緒當無意義的能量看，不要把能量當成情緒看，那麼當下那能量就像空中飄過一陣風或一片雲一樣，僅僅只代表一股暢然的能量，它要用什麼形式存在都可以，再也沒有什麼好壞的意義。

既然那股能量不再被你解讀爲好、不好、舒服、不舒服等意義，那麼你大可不必忙於抵抗它、消滅它、轉移它，你大可靜靜的看著它發生，任其自然的生起滅去，就像享受著清風，看著浮雲的變化般，坐看雲起雲滅，不必有任何的防備，也不會被它控制，不會被它牽著鼻子走，因爲此刻它在你的內心，早已不代表任何好壞的意義。這個功夫若在情緒能量升起時還做得來，當下就是「無分別取捨」的赤子了。

所謂「赤子心」就是這個，赤子並不是沒有情緒，但組成情緒的那股能量還未攀附任何高下榮辱的好惡知見，因此赤子即使在情緒已發的當下，依然不被氣血所控制，他總是優遊自在的享受於其間，一副收放自如的樣子。這也正是《中庸》所謂「喜怒哀樂發而中節謂之和」的境界。「和」就是無分別的效驗，無分別就不必害怕它的發生了！不怕它發生自然就無拘無束、收放自如了嘛！

說起來容易，但可別以爲要做到這樣很簡單！歷代禪師終其一生所教導的，也不外是這個不分別取捨的「不二心法」而已。「不二」就是「無對待」，這個不二心法難就難在情緒的當下如何不好惡呢？情緒的當下如何發而中節呢？中了什麼節呢？中了不分別取捨的節！下次當你的情緒來襲時，檢驗你自己面對胸中湧起的那股熱血時，能不能任它自來自去？能不能靜靜的看著它發生？能不能心甘情願的接受胸中所有的能量變化？能不能在它發生時絲毫不攀附貪嗔好惡的知見？就知道自己「無分別取捨」的功力究竟如何了！

而這個「不分別取捨」的功夫，也正是黃庭禪修所教導的主軸所在了，經歷兩、三天的觀照與練習，幫助學員們正確的聚焦，把注意力直指黃庭一方寸的地方，觀照內心所有粗細的發生，瞭解那一點點能量變化對你造成的控制，並且引導你做正確的練習，淺嚐在動盪的情緒氣血當下，如何保持不分別取捨的正見，這也正是佛陀「直指人心」主軸所在。

好了！前面爲了解開「無念」而談到「無對待」、「無分別取捨」的話題，現在你已經瞭解什麼是「無分別取捨」了，無分別取捨就是對內心氣血不攀附好惡的對待知見，既然在氣血上沒有好惡的分別，就不會被煩惱綁架帶走了！沒有煩惱的侵襲，當下不論你的腦袋想到什麼，或身中感受到什麼能量變化，對你來說都是自在的，都是收放自如的。當下這些知見都叫「無念」！「無念」也就是「無分別取捨」而已啦！

4【無物】

前面已經說過，「無」字的基本定義是「不該有的都不存在，而該有的都還在」！或是「該事物的存在對我都沒有妨礙」！現在我們還要加強一個概念，就是聖賢寫了那麼多的經典，但經典所談的主軸是在內還是在外呢？又什麼是該存在的？什麼是不該存在的呢？要記得各教經典都是圍繞在一個主軸上打轉，那個主軸從正面來說是確立你的「本心本性」的存在，從反面來說則是要去除你的「煩惱罣礙」。然而這兩者其實是同一件事，因爲去除煩惱後所照見的就是本心本性，照見本心本性中的安寧後也就免除了所有的煩惱，因此不論從正面反面來說，那個內在的主軸都是一樣的。

瞭解了這個內在的心性主軸之後，你就更加明白什麼是應該存在的？什麼是不應該存在的？也就是凡是能洞見本心本性的知見與感覺都應該在，都叫無念、都叫無分別取捨、都叫正覺；而凡是能激起煩惱的知見與感覺都是妄見，都不應該在，都叫動念、都叫執著、都叫無明！

而「無物」也是一樣，這個「物」字，雖然可以泛指世上的萬物、萬事，當然也可以指內心的感受、好壞知見等。然而若將物字往外解釋，那麼「無物」豈不是要把世上的萬物都消滅後才能達到嗎？這是一種逃離當下的妄見，這樣的解釋顯然是不合邏輯的說法。

經典所談的主軸是心性，心性畢境是內在的事，因此這個「物」字，應當往內來解釋才對。那麼無物的「物」指的是內在的哪個對象呢？這個物字指的是存在你內心中，那個造成煩惱的「好惡分別的知見」而已，而不是一個確切的外物。「無物」是將你的分別知見改變成無分別取捨的正見後，使內心所有好壞的感受都變成對你毫無影響力，而不是把它們都消滅掉。

好比俗語常說的「胸中必有一物」，或「胸中無物」，或「本來無一物」，這幾個「物」字指的都是一種內心的知見、一種內心的感受而已，而不是一個可以摸到看到的實物。又如《大學》的「格物」更可以印證這個說法。《大學》修身以下的次第功夫依序是「格物、致知、誠意、正心」。我們可以從「格物」這兩字擺在「誠意」、「正心」之前，便可以確定它所指的必是心意內的物，也就是心意內的知見，而不是指外在的事物！

因爲即使一個人再聰明，把外在的事物安排得再怎麼巧妙，也不一定就是一個能誠意正心的善人！不信你看世上那麼多聰明絕頂的人，處理事情有條不紊，利害得失掌握得恰到好處，但內心卻狡詐得很，這不是很常見嗎？可見即使格透了世上萬事萬物，與誠意正心又何干呢？必要格正了心中的知見，才能達到誠意、正心的效果。這點王陽明在《傳習錄》中，早就點明了朱熹的錯誤⓭，只是曲高和寡，沒有被教科書所採用罷了！

言歸正傳，人們的情緒起伏就是一種能量的起伏，而若是單純的看著能量起伏的本身，那就像水流的起伏一樣的自然，並不會帶給人們煩惱痛苦，只是當人們的內心對這股起伏奔動的能量起了「分別好惡」的知見時，痛苦就在內心中發生了。

那麼「無物」是要無什麼呢？那股不停變動的能量，正是你的生命與心性的所在，它本來應該存在，不僅沒有拿掉的必要，而且想拿也拿不掉！而攀附在上面那個「分別好惡」的知見，才是帶給你煩惱的原凶，只有它才是該格除、格正的「物」！因此「無物」指的是格除、格正內心中那個攀附在氣血上分別好惡的知見而已！

所謂「覺悟」就是了悟自己內心中的所有眞相，在一個覺悟者的正見中，內心能量的眞相本來沒有這些好惡分別的「物」存在，因此不論它怎麼變化、怎麼來去起伏，在任何氣血變化下，都可以優遊自在、了無牽掛。因此六祖用「本來無一物」來表達自己照見內心氣血了無攀附的眞相。而神秀並未悟透自身氣血的眞相，只要內心氣血一動，依然還攀附著分別好惡的知見，因此氣血一起伏變化，就必須要用「時時勤拂拭」的辦法，才能使它恢復原來的平靜。這兩者一個是直悟性命眞相的高手，一個是在妄見中勤拂拭的高手，這個看似微小的差別，使得神秀與覺悟擦身而過，而惠能則成爲第六代祖，故不可不愼。

現在你可能已經發現，不管是「無」也好、「無念」也好、「無對待」也好、「無物」也好，都是在指同一件事。是的！可別訝異，還不只是這樣，連下面幾個即將要解開的名詞眞義，也是在完全一樣的主軸上所立論的。自古英雄一條心嘛，本來無二論的，只是爲了渡化各種悟性的眾生，而多設方便之門而已。

13 朱熹把格物字解為窮究世上的萬物，致使格物變成唯物。

5【無相】

在《金剛經》裡提到「我相、人相、眾生相、壽者相⓮」的問題，什麼是「相」呢？簡單的說，「相」是某個樣子、某個看法、某個模式。但所指的不是方圓美醜的樣子，也不是青黃赤白的樣子，而是指內心的知見模式。每個人內心的知見都不同，因此形成習氣、個性、看法也不同。內心對事事物物的看法就是「相」，外在事物本無高下美醜，一切高下美醜都是人心的妄見習性所投射出來的。

俗語不是常說「情人眼裡出西施」嗎！一切外在事物的價值，其實都是內心的好惡模式所分判出來的。而這內心的好惡又是在哪兒上演的呢？試觀自身好惡感受在衝動時，必定是一股情緒能量在內心竄動的當下。當心頭內的能量越熱、越緊、越衝動的時候，也就是好惡感越強烈的時候，回想一下當你正在愛一個人或恨一個人時，是不是這樣呢？

然而仔細的觀照那股正在變化的能量中，實際上依然沒有這些對待意義存在，這些或好或壞的看法（相），完全是人們的知見習性使然而已。說得更確切一點，一個人在情緒泛起時，對內心（黃庭）能量起伏的好惡習性便是「相」的所在。

「相」既然是對心中那股情緒能量的分別知見，那麼「無相」當然也得從檢驗那股情緒能量上來時，是否對它還存在分別知見來分判。因此「無相」不是把紅色看成沒有顏色，也不是把方形看成沒有形狀，也不是把漂亮的說成不漂亮、不漂亮的說成很漂亮才叫無相。也不是面對一切外境的變化，而情緒依然保持一波不起才叫無相，因爲有情緒的變化乃是至爲正常的事。「無相」是在面對各種順逆情境，而內心發生一些情緒能量變化時，對那一波波起伏的能量變化，依然保持無高下好壞的分別知見，依然任其自來自去而不起分別時，才稱爲「無相」！

因而這個「無相」的功力，在情緒未發時是無法驗證的，因爲情緒未發時大家本來都平靜嘛！平靜都是無相的嘛！功力是在於情緒動了的當下還能不能「無相」，在情緒已發時還能不能返觀氣機的實相，才知道「無相」的功力如何！

有人會說，情緒既然已發了，不是已經著相了嗎？還談什麼無相！不一定的，回想一下情緒發動的時刻，大多是腦袋明明知道不對，但潛意識的好惡模式卻主控了這一切，當下雖然你百般不願意，但那一股股氣血卻莫名的一再由胸中衝擊著你，即使你腦子再怎麼具有正見，那動盪的氣血還是會一直顚覆著你，這就是過去經驗中所種在潛意識裡的習性。

沒關係的，從哪裡跌倒就從哪裡爬起來！六祖說：「無相者，於相而離相。」這正說明了「無相」是在「有相」中實踐來的，無相是在各種境遇下，是在各種情緒氣血已發的當下所淬鍊來的。只要在黃庭升起氣血的當下，別再對那本無意義的氣血起分別知見，這個不分別取捨的正知正見，便能重新植入潛意識中，把過去累積的分別習性一層層替換掉！也就是說，只有在潛意識的分別知見出現時，立即以不分別的正見去觀照它，才能有效的把它剷除，這才是釜底抽薪的好辦法。

「無相」是在相中依然自在的意思，雖然「相」已經出現，「情緒」也已經出現，「好惡」已經出現了，但若你能對胸中那一丁點氣血的起伏不起好惡知見，內外諸境的存在對你而言，絲毫沒有任何影響。縱使我、人、眾生、壽者相都出現在你的內心了，只要你當下返觀黃庭一竅中的氣機實相，不必改變任何外境，也不必等待氣血平撫，立刻就回到清眞與自在了。這就是六祖所說的「無相者，於相而離相」。

6【無我】

人們一提到「無我」，大多解讀爲靜坐時坐到什麼感覺都沒了，或是偶爾坐到全身充滿輕飄飄的感受，或是想像自己沒有實體，只不過是離子電子所組成的，或是最後只剩下一團的能量震動爲「無我」。

這麼說來，修煉的人得長期等待一種特殊的感覺浮現，或是想像我的肌膚都不在了，才能享受到「無我」的自在，只要我的肌膚組織還在就不自在，或是那個輕飄飄的感覺沒有浮現，就無法享受到眞正的自在。那麼在這種知見下，能得到自在的時間未免也太少了吧！也許幾個月還碰不到一次！這又豈是聖賢所提倡的究竟解脫呢！

那什麼是聖賢所謂的「無我」呢？還記得前面談到「無」字的定義嗎？「無」是「不該有的都不存在，該有的都還在」，或是「該物的存在對你都毫無影響」。那麼什麼是該在的呢?世上的萬物本都可以存在，唯一要改變的是人們心中的對待妄見而已，當妄見改正之後，萬物本來不妨礙你的自在。因此這個「無」字的定義可以改成：「不該有的妄見都不存在，該有的正見都還在，因而使得一切的存在對你都毫無影響。」

前面還提到「無」字可以用「本有而無之」來解釋它。「本有」是本來該存在的萬物、思想、感受；而「無之」是沒了心中的對待知見，心不對萬物的存在掛懷，一切的存在都將毫無影響而已。

有了這個定義之後，「無我」的意思就可以有了正確的方向。聖賢所提倡的「無我」，不是要把我的身體、感受、思想都消滅掉，而是你的心對這一切的存在不存分別取捨的知見，讓這一切的存在對你都了無影響而已。「無我」是沒有「我執」[15]的心，沒有因「我執」而起的煩惱罣礙而已。

因此「無我」是一種在任何境遇及任何感受下，都能當下解脫自在的境界。豈是等到眞的沒有我的肉體、沒有我的感受、沒有我的思想時才自在！試問，若是眞的不能感覺到「我」的存在，那麼還能感覺到那一份自己的自在嗎？

現在我要把話題拉到另一個更深入的層面，要瞭解「無我」，必須探討「人們以什麼爲我」的問題，因爲那個「我」若沒有出現，要如何練習對「我」的一切存在不罣礙呢？那勢必要陷入無的放矢的窘境了！

那麼究竟人們一直以什麼爲「我」呢？這個「我」指的並非肉體上的形象，而是指你的「內心」。因爲你的心一酸，你就說「我傷心了！」你的心一動，你就說「我得不到安寧了！」你的心一靜，你就說「我安心了！」可見人們幾乎以他的心爲「我」！而這個心指的並非心臟的心，也不是指思考的心，而是指「情感」的心。

雖然人們習慣把這三者都稱爲「心」，但基本上它們是完全不一樣的。心臟的心在胸膛的左方，是個器官；思考的心在頭部的腦細胞，也是個器官；而情感的心卻在胸膛兩乳之正中處，深度約兩三寸的地方，它是個氣場，不是個器官，即使開刀也看不見的，但它確實存在。好比你的內心有時充滿愛或恨的感覺，但開刀也是看不到的，不過你確實能感覺得到它的存在，對吧！

當愛、恨或各種情緒升起時，想要摸到那個「情緒的我」，只要用你的手去摸摸那個情緒的感覺，你便容易掌握它的蹤跡了。你有沒有發現人們感動時會摸胸膛，生氣時會捶胸膛，害怕時也會摸胸膛……全世界不論哪個民族，不論哪個國家，不論男女老少，每個人都曾有這樣的經驗。當有人說「摸摸你的良心！」你就會摸到這兒來，這就像全世界的人牙痛時，都會摸向自己的嘴巴一樣的自然。這並非巧合，因爲人們的「內心」就在這個地方，「情緒能量」的衝擊也在這個地方發生，老祖宗稱它爲「黃

15 執著於我的名利地位，從而看輕或損及他人的心態。

庭」！

然而瞭解人們的內心就在「黃庭」這一方寸的位置還不夠，因爲黃庭的動盪指的是黃庭內的能量有了動盪，必定要看清每當你的情緒發生時，黃庭內升起了什麼能量的變化，並且看清這些變化與你的煩惱之間的關係，最後你才會深切的確認到，原來人們並非以黃庭爲我，而是以黃庭一方寸內那一丁點能量的變化爲「我」！這一方寸的能量酸了，你才說「我傷心了！」這一方寸的能量動了，你才說「我生氣了！」這一方寸的能量緊了，你說「我心情不好了！」這一方寸的能量鬆了，你說「我心情好了！」

當然，「我」的位置何只黃庭一方寸，「我」的能量當然也不只貯存在黃庭一方寸，但由於黃庭內的能量太敏銳，以至容易隨著六根[16]與外緣[17]的接觸而產生各種變化，因而搶走了人們所有注目的焦點。最後導致人們誤以這一方寸的動靜爲「我」！其實這僅僅是情緒的我，而人們終其一生之所以無法得到自在，也就是這個情緒的動盪而已，不是嗎？最後人們就只摸著心頭說「我」了！

然而不論你怎麼誤會它，能量就是能量，這一方寸之間的能量依然本無好惡的意義存在，既然沒有意義，那麼它愛怎麼翻騰都可以，不是嗎？但人們卻在它有一點點動盪時，立即攀附無限的貪嗔知見，導致自陷於各種情緒中而無法自拔！

其實人們所想要修正的是那個「情緒中的我」，這才是危害安寧的原凶。現在我們知道，人們只以黃庭內的氣血動靜爲情緒中的「我」！那什麼是「無我」呢？前面我們已經瞭解，這個「無」字是「本有而無之」，「無我」是與方寸內的那股能量和平共處，不被它所影響、所左右的意思。是

16 眼、耳、鼻、舌、身、意。

17 外在一切人事境遇。

在這股代表「我」的能量起了任何變化的當下，依然自由自在的意思。只是看著它自由的升起滅去，不必想要消滅或轉移它，因爲一轉移它就代表你怕它，就表示你對它起了分別取捨了。若眞的了無分別，若眞的回到毫無好惡的能量眞相，又何必平撫轉移呢？但不平撫轉移也不是放縱情緒，因爲了無分別時只剩下能量，而不是情緒。放任能量在黃庭中波動，放任能量在身中流動，而沒有一點我的好惡知見攀附在情緒能量上，當下自在於五蘊熾盛中，這才是眞正的「無我」！

7【無爲】

一提起「無爲」兩字，人們常片面的誤以爲什麼都不做、因循苟且、不去努力、也不去創新等等。但這豈是聖人的心意，若眞是如此，《道德經》又爲什麼要加上一句「無爲而無不爲」呢？端看「無不爲」三個字，就知道「無爲」其實是大有作爲的！而什麼是有作爲中的「無爲」呢？

現在我得先瞭解一下什麼是「爲」？一切逆於自然力量的努力，一切想要與大自然拔河的作爲，一切逆於大自然因果定律的妄想，這都是人爲造作，即使謀得一時的成功，但終究必將潰敗的，這種作爲在經典中叫做「爲」！

反過來說，順著自然定律去做，順著自然的力量去做，不與自然的力量對抗，讓大自然的力量當你的靠山，這種合乎自然之道的努力，才能長遠有益於世界，這種作爲在經典中便稱爲「無爲」！而爲了讓眾生瞭解這種「無爲」並非沒有作爲，而是有眞正的作爲，因此又說「無爲而無不爲」。

現在我舉兩個例子來說明什麼是「無爲」吧！

《孟子》裡面有這麼一段話：「爲高必因丘陵，爲下必因川澤。」想要疊個高高的城牆，或是建個可以遠望四方的高塔，必定要找一個地勢高的地方來興建才方便；想要挖個深深的溝或水井，必要找個低窪的地方來挖掘，這樣才能省力又有效，這種順應自然的作爲就叫「無爲」。若是找錯了地方，硬是要從最低窪的山谷疊高台，或是從最高的山頂挖深井，不僅勞民傷財，而且很快就會失敗的，這種逆著自然力量，想與大自然拔河的作爲，就叫「爲」，或叫「人爲造作」！

古人做水壩的方法很值得我們參考，他們不是把河道挖直了來做的，而是等到有大水災來的時候，到上游拋下大量的稻草到洪水中，等到水退去之後，那稻草會飄到河岸兩旁，將水道畫出兩條軌跡來。然後古人就依著這兩道軌跡築起水壩。由於這水壩乃是完全順著水勢築起來的，而不是逆著水勢硬做出來的，因此這條水壩就可以歷經千年不會潰堤。這種順著正理的作爲，便是「無爲」的最佳表現了！

還記得前面講過「無」字的意義嗎？「無」有「不該在的都不在，該在的還在」的意思，用在「無爲」的解釋上便是：「不該逆著自然的作爲都不存在，而該順應自然的作爲都還在」的意思。然而對於修行者來說，對外在大自然的無爲固然重要，但更重要的是對於內在大自然的無爲。

內在的大自然包括有形的身體及無形的心性兩大領域，若能順應身體的自然，保持正常的作息，純淨的飲食，便是在身體上的「無爲法」；若能順應心性的自然，保持對氣機起伏本無意義的正見，在各種感受下都不分別取捨，任身中氣機自在的流動而不罣礙，任氣機自然的去造化，這便是在心性上的「無爲法」了！

反之，如果日夜顛倒，違反身體正常的作息，最後只有靠著藥物來提振精神，或靠著安眠藥才睡覺，這便是墮入「有爲法」的後果。或是不懂得觀照本無好惡意義的清靜本眞以求得安寧，卻只得用轉移、激勵、哲理勸說等二元對立的方式，來治療傷痛或安撫情緒，這便是走入神秀「時時勤拂拭」的人爲造作之中了。或是喜歡運用人爲吐納導引的方式去運轉氣輪，或是觀想外在的佛或上師給你力量，這都已經走入「有爲法」的知見中了。

8【女子無才便是德】

這句「女子無才便是德」總是讓女權運動者恨得牙癢癢的，他們以爲這句話是大男人用來貶損女性的！然而事實非但不是這樣，而且完全相反！中華兒女們對這句話的誤會可大了！這話又怎麼說呢？

上一回我到深圳上禪修課，課後有一個女同學雙手交叉在胸前問我：「張老師您這麼樣的捧古人，那我請問您，古人說『女子無才便是德』，請您解釋看看，爲何古人這麼歧視我們女性？憑什麼做聖賢啊？」

我說：「你講得好，大家都有這樣的誤解，不過在解釋之前我想先請問你，這句話的上聯是什麼？」她被我問得楞了一下，然後說：「嘿！有嗎？有上聯嗎？」下面的同學鴉雀無聲，接著有個同學說：「上聯是『唯女子與小人爲難養也』！」我說：「這是另外一個大家都誤會的問題，我用別的時間再來解釋，不過這句話卻不是『女子無才便是德』的上聯，因爲一句七個字，一句十個字，字數不一樣，怎麼當上聯！」

這會兒大家面面相覷，都被我問傻了，我接著說：「本來這句話的上聯是『男子有德便是才』，而下聯才是『女子無才便是德』！」第一句：「男子有德便是才」！這話是希望一個有爲的男人，要以德行爲主，以才幹爲輔的意思。爲什麼要以德行爲主呢？看看現今社會這麼亂，詐騙這麼多，網路上什麼稀奇古怪傷天害理的事都有，這就是有了才幹卻缺乏德行的後果，總之，這句話是告誡每個男子要以德行爲主的意思，而非叫男人不要重視才幹。

而下聯「女子無才便是德」又是什麼意思呢？依然是勸女子要以德行爲主的意思，而非貶辱女人不能有才幹。這整個誤會是因爲錯解了「無才」的「無」字所造成的。這個「無」字是動詞，是「本有而無之」的意思，也就是「本來有才，但心裡卻自視若無」的意思。

舉個例子來說，就像古人說的「無物」不是世上眞的沒有萬物，而是在萬物的圍繞中，內心不起一點罣礙的意思；「無我」不是眞的沒有我，而是對於我的一切得失無掛於心的意思；「無念」也不是眞的沒有念頭，而是沒有妄念，在念頭中依然自在的意思。

所以「無才」不是眞的沒有才幹，而是「我雖然很有才幹，但一點也不自炫其才，依然自視若無」的意思。古代的女子大門不出，二門不邁，卻擁有過人的才氣，還能自視若無，這不是非常高尚的德行嗎？這句話明明是在褒獎我中華民族的女子，有如此高尚的德行！哪裡有歧視女人的意思呢！而我們竟對這麼好的一句話，誤會如此之深，我們實在是以小人心度君子腹，是我們太對不起古人了！不是古人對不起我們啊！

每次同學們聽我解釋完後，女子們都大快人心，男士們也都如釋重負，他們說我的解法太創新了！唉！我豈敢創新！我這解法都是古人的原意。不信的話，我把《隋唐演義》裡的原文，引證予各位參考便知。

《隋唐演義》第三十七回：

人亦有言：「男子有德便是才，女子無才便是德。」……才何必為女子累，特患恃才妄作，使人歎為有才無德，為可惜耳。故有才之女，而能不自炫其才，是即德！

故知古人所謂的「無才」，本來是讚賞那些有才的女子能自視若無，不自炫其才的高超德行，而非貶抑女子！是我們受到文字障礙的關係，誤會了老祖宗的苦心，我們應該要對老祖宗深痛的懺悔，並且要以身爲中華子民爲榮的！

9【唯女子與小人爲難養也】

這句「唯女子與小人爲難養也」與「女子無才便是德」一樣，都是令女性朋友們恨得牙癢癢的句子，這是人們對於儒學另一個天大的誤會，就讓我再度鼓動如簧之舌，爲古人洗刷一下冤屈吧！

每當同學們問到這問題時，我總是反問他們：「此句話的重點就在一個『養』字，你知道這句話的『養』字究竟是養什麼嗎？」每次他們被我一問就又愣住了！其實這養字並非指「教養」或「養育」的養，而是指孟子所說的：「我善養吾浩然之氣！」的養，是「養氣」的意思！

我先說說小人爲什麼難以養出一股浩然之氣來，古代的「小人」不一定指會害人的人，而是指在日常生活中凡事看得膚淺、看不遠、本末倒置的人。爲什麼小人很難養出一股浩然之氣呢？因他常常是計較滿腔，情緒動盪不止，作息日夜顛倒、錯亂無節，這些都是容易散失精氣神的習慣，因此勢必難以養出一股浩然充沛的精氣！

試想，現今社會人士，生活作息錯亂無節，把自己的精神弄得睡到十點都還睡不飽，整天昏昏沉沉精神不繼，要不就是這裡病、那裡病。我們只顧縱於聲色，連自己的精氣神都養不好，還自以爲聰明，這不正是古人眼中的「小人」嗎？自謙爲沒有掌握好根本的小人物，看清自己難以養氣的缺失，這才有進步的空間，不是很好嗎？

孔子之所以點出這個要害，並非要放棄小人的意思，而是要眾生們知道自己的習性已經本末倒置，好重新調整作息，以便養好一身精氣神。也是要善人君子們多多體恤小人的無知，給予必要的誘導與協助的意思。

這句話另有一個言外之意，是說如果一個小人，有朝一日能夠浪子回頭金不換，徹底的一改前非，最後竟然被他養起了一股浩然之氣來，這個「小人」的勇氣與智慧，反而比我們這些自認爲正常的人還更可敬呢！這就好比有人說「一個曾走入迷途的人要有高成就是很困難的！」你認爲這句話的言外之意，是在歧視他們呢？還是在勉勵、讚美他們呢？我想應該是後者吧！

那麼女子爲什麼比較難養出一股浩然之氣呢？因爲成功男人背後的那個女人，整天要爲家庭煮飯、洗衣、打掃、料理一切家務，還要替家族傳宗接代生小孩，生一個小孩氣血大虧一次、生兩個氣血大虧兩次，接著還要餵奶、把屎把尿的辛勞，加上女人屬陰，陽氣較弱，情緒較多，每個月氣血還要再虧一次，因此培養充沛的氣相形困難。相反的，男人先天本來屬陽，精力較足，情緒較少，雜事也少，比起女人來說，可容易蓄養得多了。

身爲女人在家庭中非常辛苦，加上先天體質不同，陽氣沒有男人那麼容易培養，即使努力靜坐了很長一段時間，裡面的氣還只是絲絲若存。因此「女子難養」的大意是鼓勵一個女子在條件這麼懸殊的情況下，更應該要好好的養氣，男人也應該給她更多的體恤。若是還被這名弱女子養起一股浩然之氣來的話，那眞是更值得我們欽佩的！好比有人說：「一個柔弱的人要有高的成就是很困難的！」你認爲這句話的言外之意，是在歧視他們呢？還是在勉勵、讚美他們呢？我想應該也是後者吧！

由此可知，孔夫子所說的這句話，實在是勉勵、褒獎這兩種人奮發向上的精神難得，叫他們更要提起滿腔的豪情去突破困境，也叫善人君子們多多體恤他們的困境，時時給予適當的幫助，而不是貶抑他們，或是要他們自暴自棄的意思。

讀聖賢書有時要品味「言外之意」，才不會錯失聖賢眞正的苦心。希望炎黃子孫能用更正見的眼光，看待中華民族老祖宗的智慧與胸襟。

而本句在《論語》的全文是：「唯女子與小人爲難養也。近之則不遜，遠之則怨。」爲什麼要加上「近之則不遜，遠之則怨」呢？

女子的缺點是情緒多，這與體質有關，例如月事前大略都比較浮躁，情緒多起伏則容易耗散精氣神，故不利養氣。但這不表示女人百分之百都如此，只是描述一個概略的現象而已，例外的情況當然也多得是。小人的特徵則是嗜慾多、得失多、是非多，這則是小人的通象，幾乎都如此，若非如此，也不會稱爲「小人」了。

「近」類似被採用的意思，「遠」類似不被採用的意思。「不遜」是不謙遜，也是驕傲，凡事要高高在上之意。小人有才一旦被重用之後，很快就漸漸驕傲起來，懂不懂都想要指揮，一副頤指氣使的樣子，不論對上對下，處處都要表現出沒有他就不行了的傲氣。

「怨」是常發出不平的怨言，好像所有好的名聲地位都應該歸屬給他，雖然你一直採用他，但有朝一日稍不採用他，就立即要與你敵對，到處去告狀，說有人在排擠他、打壓他，因此總惹出很多的不快和是非來。

總之，小人一用他就驕傲起來，不用他就敵對起來，這是小人的通病。小人的習性千奇百怪，此處只不過列舉兩項來說明什麼是「小人」的習性而已。凡是有類似「不遜」或「怨」這種習性者，不論男女皆定義爲「小人」。小人慾求多，得失多，情緒動盪不已，這都很不利養氣的。

當然不論男人或女人都可能會有這類毛病，顯然「不遜」或「怨」並不是用來定義「女人」的，而是在列舉「不利養氣」的兩則實例而已。因此無此毛病的女人們，用來自勉則可，大可不必對號入座，這就像無此毛病的男人們，大可不必對著「小人」兩字對號入座是一樣的。

總之，這話的大意是列舉兩則不利養氣的原因，其他諸如此類的毛病亦皆屬之。有這些毛病的任何男人、女人，都難以養氣，都應該要引以爲誡。因此這段「唯女子與小人爲難養也。近之則不遜，遠之則怨。」是用來奉勸善男信女若有類似難以養氣的毛病，要改過遷善，以便養足一身的浩然之氣的意思，而不是指責男人一定會如何，或女人一定會如何。

10【民可使由之，不可使知之】

現代人對於古人所提倡的學問，常發生「愚民政策」的誤解，就像《論語》裡這句「民可使由之，不可使知之」，便存在著這樣的誤解，甚至因這句話的誤解，而把孔子看作是諸侯專制的馬前卒。然而這句話實在是古代聖賢或明君，爲了照顧到所有上智下愚的百姓所用的苦心，卻沒有想到被後世眾生誤解到如此地步！

爲什麼我會這麼說呢？爲了解開這個疑惑，必要先解開什麼是「由之」才行的。「由」是跟隨著去做，「由之」是以身作則，讓百姓自然照著去做的意思。「知」是瞭解，「知之」是告訴百姓應該怎麼做，而自己做的卻是另一回事。因此這句「民可使由之，不可使知之」的意思是說：「可以以身作則讓百姓跟著做，不可以告訴百姓怎麼做，而自己所做的卻是另一回事。」

古人說「知難行易」。世上有太多事，由於道理太深太複雜，任你對眾人怎麼講也講不清，怎麼說也說不明白。可是如果你自己做個榜樣直接去做，百姓自己會效法的，這不僅使事情變得非常簡單，而且馬上可以得到很多好處。

舉個簡單的例子，好比怎麼樣才能使眾生得到健康的身體呢？古代的明君用自己的作息去做最好的示範，百姓跟著他早睡早起，日出而作，日落而息，吃粗茶淡飯，並有充分的運動，每個人順著身體生理時鐘的特性，順著大自然所造下的規則去作息，不與身中的大自然力量拔河，這種情況下不必瞭解太多道理，全國百姓的身體自然就健康起來了。這種效益就是「由之」得來的，而不是「知之」得來的。

反過來說，如果你自己日夜顛倒，縱慾享樂，快中午了還不起床，卻告訴百姓說要早睡早起，要粗茶淡飯，要去學習很多健康的知識，這樣才能得到健康！若是如此，我看會聽你話的人肯定沒幾個！

古人說：「其身正，不令而行；其身不正，雖令不從。」這裡所謂的「其身正，不令而行」就是採用「由之」的好處；而「其身不正，雖令不從」指的是採用「知之」的弊端。因此做好表率最重要，因為百姓看上面做什麼，就會跟著做，而不是聽上面講什麼！

《道德經》裡不是有「太上不知有之……功成事遂，百姓皆謂我自然」這麼一段話嗎？指的是上古明君，凡事以身作則，百姓自然跟著做，在讓百姓得到好處之後，還莫名其妙，絲毫不知道是誰讓他們那麼幸福，還說「這是很自然的呢！」這樣高明的明君，所使用的辦法就是「民可使由之，不可使知之」的道理而已！

「以身作則」是愚民政策嗎？看看在選舉時，每個政客口口聲聲都愛台灣、愛百姓，他們鼓動三寸不爛之舌，讓我們在電視機前聽得熱血沸騰，以便把票投給他們，可是私下卻把財產放到美國，放到瑞士，放到日本。

而我們眞的知道眞相了嗎？現代的政客治國的理念眞是「民可使知之，不可使由之」的呀！比起古人，現代這些政客才眞正是把我們當笨蛋呢！

另外「由之」也有「順從大自然的力量去做」的意思。舉個簡單的例子來說吧，一顆蛋經過二十幾天怎麼變成小雞呢？這道理任多高明的科學家來說也說不清的，然而要把蛋變成小雞，要訓練那隻老母雞讀到像醫學博士一樣，瞭解蛋裡所有的機密才能做得到嗎？如果這樣的話，世上還能看到幾隻小雞呢？事實上那隻笨笨的老母雞只要往蛋上一坐就行了，因爲在這顆蛋裡已經具備大自然所賦予給它無比奇妙的造化了，只要順著老天設計好的造化之道，給它一點溫度去啓動它，就可以得到最大的好處了！

就像修行這件事，聖賢只提倡「率性」⓲的辦法，你大可不必瞭解「本性」的複雜構造，也不必瞭解本性有多麼的奇妙，你只要放下一切人爲意思的造作，順著本性的造化，就可以邁向最幽深的修持之路了。這就是「民可使由之，不可使知之」的另一層道理。

11【君子遠庖廚也】

由於禪修課中我常引證很多古聖先賢的道理，於是有個同學問我：「為什麼孟子自己要吃飯卻不下廚房呢？難道女人就活該為他煮飯嗎？這麼不體貼的男人也配當聖人嗎？」她說得很激動，嘴巴跟機關槍一樣。我笑笑的說：「何以見得孟子不下廚房呢？」同學說：「從這句『君子遠庖廚也』來看，足以證明孟子不下廚房的！這不是歧視女人是什麼！」

唉呀！這句話是有前文的呀，如果我們都這樣斷章取義去讀經典，什麼時候才看得懂聖人所要表達的心意呢！《孟子》這段話的原文是：「見

18 放任天然，不讓自己的知見去抵抗或助長到內在能量的自在運行。

其生，不忍見其死；聞其聲，不忍食其肉。是以君子遠庖廚也！」

因爲眾生貪圖肉食的口慾，每到煮飯的時間，孟子經過人家的廚房，總常看到正在操刀宰剮雞鴨的流血畫面，不然就是遠遠就聽到動物被宰殺時發出的哀號聲！所以每次只要是煮飯時間路過人家的廚房時，若聽到有宰殺的聲音，孟子因於心不忍，總是繞一點遠路，避免看到宰殺時令人顫抖的畫面，或聽到悽慘的叫聲，而觸碰到內心的傷痛。

這句話不僅是一個人惻隱之心的顯現，也是表露出聖人委婉勸人要愛護動物，及少造殺業的期盼。這並不表示孟子在自己家裡也不進廚房，當然更沒有歧視家庭主婦的意思。進廚房煮個瓜果菜根來吃，心安理得有什麼不可以呀！我們不讀前後文，就這樣斷章取義去批評古人，這眞是欲加之罪何患無辭呀！

12【動、靜】

人們常求個「靜」，尤其修行人更是要求個「靜」。但什麼是靜呢？人們不是以喜怒不發爲靜，就是以肢體不動爲靜，要不就是以氣血不動爲靜。然而這並非聖哲對靜的定義，聖哲對「動靜」的定義是「順性曰靜，逆性曰動！」性當靜則靜，性當動則動，皆謂之「靜」。反之若性當動而卻強靜之，性當靜而卻強動之，皆謂之「動」！因此靜態不一定就是靜，動態也不一定就是動。

舉個例子說明吧，例如平時的河水緩緩的流是靜，而大雨時自然變成激流，這是水性使然，此時的激昂是合乎水性的，因此此時的奔流與激昂都是「靜」的！反之，若是下了場大雨，整條河面卻靜得像是果凍一樣一片死寂，這已逆了水應該自在奔流的性，此時的一片死寂反而稱爲「動」

而不是「靜」了！

再例如一台正常的電風扇，插了電應該要動，這就是電扇的性，這時動起來是很正常的，所以此時雖動也稱爲「靜」；若是你買了一台新的電風扇，插了電卻一動也不動，這明明是壞了它的性了，此時雖看來是靜的，但因其性已失，故此時雖靜也稱爲「動」了！

經典中所說的「靜」是依據我們的本性。好比人身氣血運行的規律，應該是靜態？還是動態呢？那是不一定的，它有時靜，有時動，它有自然的規則存在的。此時的本性當靜就靜，此時的本性當動就動，這種情況都叫「靜」！

好比靜坐時氣血平穩，就當安於那個平穩；氣血動盪，就當安於那個動盪。能安順於每個當下，這都叫「靜」！但若明明此時氣血自然動盪起來，你卻不斷的深呼吸想要把它壓平，就算最後眞的讓你給壓平了，但這種違逆氣血的作爲卻叫「動」，不叫「靜」！

同樣的，人心在什麼狀態下才是靜的呢？這也是指心處於該有的自然規律而言的。「心」可以思考、可以計畫、可以謀略、可以感覺……，這都屬於「心」的自然功能之一。因此如果心順著它應有的功能來運作、來思考、來感覺，那是動還是靜？是「靜」的！若是心本有這些功能，而你卻想盡任何辦法要叫它都停下來，那是靜還是動？是「動」了！或是心中的能量流動本來沒有好壞的意義，而你卻在心中能量起伏時，攀附貪嗔好惡的意義，那是動還是靜呢？那就叫「仁者心動」[19]了！

總之最高的修爲是一切依乎本性，不要一點人爲造作，才能得到本性的最圓滿顯現，因此道家提倡「無爲」，而儒家提倡「率性」！這都是「靜」的最佳表示。

19 仁者是尊稱對方，意即是您的心在動。

13【入定】

談到「入定」大家總是把靜坐時腦袋沒有任何想法叫「入定」，然後把下坐稱爲「出定」。然而古人卻說「大定定於日常生活中」！試問若認爲「入定」只能發生在靜坐不起一個念頭的時候，那麼這種「入定」還能用在日常行住坐臥的每一刻中嗎？若是不能，那麼這種「定」是否依然存在著某些誤會呢？

「入定」究竟是定於什麼？是定於腦中沒有想法？定於身中沒有感受？還是定於不起一個妄念？或是不違背本性的自然安排呢？若你認爲入定是定於沒有想法也沒有感受，那草木瓦石不是早就入定了嗎？那麼它們應該比我們更早成佛才對呀？你若認爲入定只是定於不違背本心的原貌及本性的安排，那麼入定就應該是可以在日常語言、活動、思考中發生的才對呀！究竟什麼才是聖賢所謂的「入定」呢？在《六祖壇經》裡有這麼一段發人省思的對話，提出來供各位參考：

禪者智隍，初參五祖，自謂已得正受；庵居長坐，積二十年。

（譯 有一個打禪的人叫智隍，以前是拜五祖為師的，他自認為已經得到了正法，一個人在山中茅庵裡整日打坐，已經有二十年的功力了。）

師弟子玄策，遊方至河朔，聞隍之名，造庵問云：「汝在此作甚麼？」

隍曰：「入定。」

（譯 惠能的弟子玄策一日雲遊到河朔這個地方來，聽說智隍的大名，想去渡化他，就到茅庵拜訪他說：「您坐在這裡做什麼呢？」智隍回答說：「我在入定。」）

策云：「汝云入定，為有心入耶？無心入耶？若無心入者，一切無情草木瓦石，應合得定；若有心入者，一切有情含識之流，亦應得定。」

〔譯〕玄策說：「你說的入定，是入於一種有心念的狀態下呢？還是入於一種毫無心念的狀態下呢？如果是入於一種毫無心念的狀態下，那麼世間一切無情無識的草木瓦石，豈不應該都算入定了嗎？〔言外之意是：那些草木豈不是比你這樣坐還有程度了嗎？〕如果你是入於一種有心念的狀態下，那麼世間一切有想法、有感覺的動物之類，不也都該算入定了嗎？〔言外之意是：那你在這兒努力了二十年又比牠們強在哪兒呢？〕」

隍曰：「我正入定時，不見有『有無』之心。」

〔譯〕智隍回答說：「我正在入定時，沒有『有念或無念』的差別心思。」

策云：「不見有『有無』之心，即是常定，何有出入？若有出入，即非大定。」隍無對！

〔譯〕玄策說：「既然沒有『有念或無念』的差別心思〔那麼有念也可、無念也可了〕，就是在日常行住坐臥中安住本性的常定了，既然是安住本性的常定，哪還有什麼出定、入定之分呢？如果你還有出定入定的差別心思，就不是安於本性的大定了！」智隍聽了無言以對。）

於是智隍就跟從玄策去拜訪六祖瞭解什麼是大定。

師云：「汝但心如虛空，不著空見；應用無礙，動靜無心；凡聖情忘，能所俱泯；性相如如，無不定時也。」隍於是大悟，二十年「所得心」，都無影響。

（譯）六祖惠能說：「你的心保持如虛空般的無所不包，但不要墮入無知無見的頑空；在日常與人應對活潑無礙，舉止動靜間也不起妄心；凡聖貴賤的分別心都忘了，內在外在的分別心也沒了；只要保持本性的自在活潑，就沒有一刻不在大定之中呢！」智隍聽了後大徹大悟，二十年自以為有入定功力的驕傲心，一下子煙消雲散了。）

由這段六祖的開示可以知道，所謂「入定」是定於「應用無礙、性相如如」而已，是定於本性的自在，是定於日常的應用無礙，而不是定於沒念頭的時候。在智隍未碰到玄策以前，那種自以爲的「入定」，其實正是佛家所說的「頑空」，不知者還自以爲有什麼過人的功力呢！

14【開悟、覺悟】

什麼是覺「悟」？大多數的人，都會在聽了某個法師一席話，感動得痛哭流涕的時候，或是在內心發願想要懺悔的時候，說出「我開悟了」這樣的話。其實一時的感動，或一時發出對某條哲理的讚嘆，或一時的懺悔，豈稱得上什麼開悟！

聖賢在造字時，早就把「開悟」的眞義造在字裡面了。「悟」者吾心也，了悟「內心」的本來眞相謂之「開悟」或「覺悟」。是了悟自己「內心」的本來眞相！而不是對一句話或一件事特別感動的時刻，不是對一件事情發出偉大願力的時刻，不是在你椎心懺悔的時刻，不是在內心偶爾顯現某種特別清靈感受的時刻。

開悟與迷惘是相對的，人類的迷惘不在外物，而是在內心的情緒。因此開悟是在你眞切的感覺到內心眞相的時刻！是你與內心眞相面對面的時刻！你看清內心一切的動靜，原來是什麼所組成的？你感受到內心在喜怒未發時是什麼眞相？你感受到內心在喜怒已發時是什麼眞相？你很清楚妄想發生時內心發生什麼變化？你知道離一切相之後還剩下什麼？你在內心氣機或動或靜每個日常生活的當下，依然能對內心的總總起伏不分別取捨，依然能對內心總總起伏離一切相。在最激烈的情緒動盪中，依然有照見本心本性的能力，依然還保有永恆的清眞與安寧，這才叫「開悟」！

開悟是在感覺之中，不是一種想像或理解；開悟是用於日常生活每一刻的，不是在拍一下腦袋的那個時刻；開悟是在所有的情緒中，而不只是在沒有情緒的時刻。開悟是覺悟所有感覺與情緒的眞相，是在感覺中的，所以又叫「覺悟」，覺悟的人就稱爲「覺者」。

覺悟是在各種好的、不好的、正面的、負面的情緒感受下，依然對心性的眞相清醒明白，而非挑某一種感受才能清醒自在的。你知道組成內心動盪的最基本元素只是一股氣而已，只是一股能量而已，而你眞切的由內心感受到那股能量，不論是動是靜，都本無任何好惡的意義存在，因而所有貪嗔好惡的情緒煩惱，當下都變成自由自在的菩提。六祖說：「煩惱即菩提，無二無別。」這是開悟者的體會。了知此義，凡說要放下痛苦的，凡說要以智慧破除煩惱的，凡說要撫平情緒的，都是走遠路了，都在道外了！

開悟只來自你的內心，因此你必須開始觀照你的「內心」（古人稱爲黃庭），觀照你那一方寸的動靜起伏，再深切的感受到本無意義的能量眞相，才有開悟的可能。否則任你有多大的感動，任你發出多大的願力，任你講過多少有智慧的哲言，寫過多少充滿智慧、感人肺腑的書，永遠也沒有開悟的一天！

15【格物】

「格物」是《大學》八條目的根本，可以說非常的重要，因爲沒有做好格物，後面的致知、誠意、正心、修身……等也都沒有著落了！到目前爲止，大家對於「格物」的認知，總是奉朱熹的注解爲標準答案，然而朱熹把格物解爲「窮究天下萬事萬物的道理」，這看起來似乎有道理，但朱熹卻忽略了一件斗大的事實，那就是孔夫子將「格物」這個步驟放在誠意、正心之前，意即格物之後就可以收到誠意、正心之效，因此我們應該大膽的說，格物是格正心意內的物，而不是如朱熹所說的，要去窮究與心意無關的身外之物！

因爲世上的萬事萬物，縱使你格得出一條一條的道理來，又要如何返回到身上來誠意、正心呢？瞭解物理、化學又與掃除一個人的貪嗔痴愛，造就出一個誠意、正心的善人君子有什麼關係呢？這兩者根本就風馬牛不相及的。

因此可以知道，《大學》所謂的「格物」指的是心意內的事，而非指世上的萬物。朱熹放著這麼明顯的錯誤沒有發現，雖然後來王陽明發現了他的錯誤，但又因曲高和寡無力改正，以致格物致知的正解，錯到今日都還無法更正。

那麼什麼是心意內的物呢？貪嗔痴愛、七情六慾等妄念就是內心的「物」。而仁義禮智、慈悲喜捨等正念也是內心的「物」。說得更明白點，這個物字所指的是以「心物」爲主的。就像古人所說「胸中必有一物」的物！心物是指心頭一竅內的感受、情緒，或是人們貪嗔好惡的情緒知見。

心物爲什麼要格呢？什麼是「格」呢？「格」者格除、格正之意，就像窗戶的格子一樣，每一格都是正的，讓心內的每個念頭都各得其正，就是格的意思。去掉胸中的歹念謂之格除，持好胸中的正念謂之格正。故「格」

即正也、明也。明了心物的眞相而正了性情，即是「格物」。

什麼是心物的眞相呢？心物要如何能明呢？不斷的返觀貪嗔痴愛升起的當下，不斷的返觀煩惱情緒升起的當下，先看清所有情緒原來都是集結在胸膛正中央，黃庭一竅中的一股能量變化而已；再看出這些能量變化的眞相，原來就像水的變化、雲的變化一般，可以本無好惡、好壞等意義存在的，可以是那麼自由自在的發生著。當你看清這個心意底層的眞相時，七情六慾被你格除了，自在與安寧同時被你格正了。屆時胸中只剩下氣機的暢然剛健，無你無我，無高無下，無得無失，絲毫沒有一丁點好惡情識的攀附，這便是六祖所謂「本來無一『物』」的功夫，也是《金剛經》所謂「離一切相」的功夫，更是《大學》「格物」的所在。

爲什麼我說格物要格心物而不必格外物呢？因爲眞正被污瀆的不是世界上的萬物，而是你的內心！靜觀萬物本不能影響人，萬物本來自然無礙，有罣礙的是你那心中的情緒、心中的慾望而已，因此要返回內心的自在清明，要誠你的意正你的心，所需要格正的只是你內心的知見貪嗔而已，等心中的知見格正了，萬物被正人所用，也就更能發揮它的正用了。

大學「格物」的功夫，若不是如此的精要，何以置於誠意、正心之前呢？若能明乎「心物」而不為心物所蔽，能適於心物而不為心物所役，使胸中氣血不能惑吾心之正，便叫「格物」了！而此時了知內在情緒的實相，不再被情緒所苦，思慮聰慧，應用通達，知見皆明，是謂「致知」。格物是佛家的「止觀」，致知是佛家的「智慧」，「定慧等持」便是格物致知的功夫。

有格物致知的觀照功夫為本，才能漸漸走向誠意、正心之路。儒家的「誠意正心」也正是佛家的「明心」。這樣的解法才能讓格物的功夫與誠意、正心的學問，及各教聖人的教旨相連貫。若將格物只作窮究萬物之理解釋，是逐於物而將亡吾心之正了！

16【性】

《易經》說「一陰一陽之謂道」，陰陽即是「氣」（就是現代人所說的「能量」）。可見「道」就在「氣」裡面，道是一種造化規則，它寄託在哪兒呢？就在氣裡面。天地間充滿著氣，萬物及人身中充滿著同樣的一股氣，氣裡面的造化規則在宇宙叫做「道」，當它賦予給萬物之後叫做「性」！這個性在水就叫水性，在木就叫木性，在人就叫「佛性」或「本性」了！

這道理就像所有的電器裡流動著的電，都是由電廠所送來的同一股電。此刻我把電廠比喻爲宇宙的氣場，把各種電器比喻爲萬物，把電器裡的電比喻爲萬物裡的氣，那麼這股電的「特性」在電廠時叫「道」，而在電器時叫「性」，又因爲它時時都在流動，所以叫做「氣」。名稱雖不同，其實指的是完全相同的東西，只是大小有所差別而已。

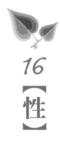

是電流的造化規則主宰著所有電器的奇妙功能，同樣的，是氣裡面的造化規則主宰著萬物身中那個妙不可測的變化過程。這個氣裡的造化規則就是「性」！性是主宰萬物造化的泉源，「佛」就是性所造出來的，成佛就是要靠這性中特有的造化才能達成的。好比蛹是靠蛹的性才能造化成蝶的，好比蛋是靠蛋的性才能造化成雞的道理是一樣的。性顯現了，萬物才能行奇妙的造化。這就是修行爲什麼要先「見性」[20]才能「成佛」的原因！佛性中的造化若不顯現出來，就無法往成佛的方向邁開寸步了！

什麼是「造化」？好比一個蛋變成雞的過程，二十幾天變成一隻小雞，那蛋殼裡面發生了多麼奇妙的事？多麼精準無比的事？這任誰也說不清楚的！既然無法明白，就把這個奇妙的變化過程統名曰「造化」吧！主宰萬

20 生命的造化特性得以完美的顯現謂「見性」。

物造化方向的就是「道」，這個道賦降在萬物身中叫做「性」。

而這個性在身中的哪裡呢？道即是性，道即是氣，氣遍滿全身，因此性的造化遍滿著你的全身。人的性在氣裡，就像水的性在水分子裡是一樣的，若是你離開了水分子，不去感受水分子在河裡的自然流動，也就無從檢驗水性的自在了（水流的自然，就是水的見性）！同樣的，若不去感受自身氣機的自然流動，也就無從檢驗你的性自不自然了（氣機造化的自然，就是你的見性）！

道就是氣，因此觀照身中氣機的自然，絕非粗俗的事，好多修行人瞧不起「氣」這個字，他們說氣是卑俗的，是後天的東西，說心性是空無一物的，是超過那股氣的，說我們只要修空空盪盪的心性，何必去養什麼浩然正氣呢？好可惜呀！你相信宇宙充滿著能量嗎？你相信你的生命，甚至你的心、性也是一股能量做的嗎？如果是的話，能量不是氣嗎？你說氣有清濁，那能量這個名詞豈不是也有清濁嗎？爲什麼你認同生命是一股外國人所說的能量，卻不能認同生命是中國老祖宗所說的一股氣呢？這到底是文字障呢？還是崇洋障呢？這個分別心眞是不小呀！

言歸正傳，性在氣中，觀照身中氣機的自由自在，了無貪嗔好惡罣礙於其間，本性中的造化就顯現於其間了，這就是佛家所謂的「見性」！見性不是看到什麼光，或是見到幾世前面貌的時刻，見性是成佛的造化分分秒秒在身中顯現的意思！

好比每一棵大小的樹木皆有自己的性，神木有神木的性，小小的苗也有小苗的性，然而神木的偉大並不是在成爲神木之後才偉大的，若非小小的苗日日持續著本性中應有的造化，又怎能成爲參天的神木呢？所以說「見性」是在小小的芽時就已經見性了！而不是等到已經開花結果，或等到成爲參天的神木以後才見性的！

所以修道就是在恢復一個本性，只有本性顯現後才能行成佛的造化。

好比一棵植物只在適合它的「性」的環境中才成長得好，因此有智慧的農夫該做的事，就是爲它找一個適合該樹性的生長環境而已，之後開花結果是不勞他費心的。

修行也是一樣，有智慧的修行者，就是想辦法把擾亂本性的對待知見拿掉，給自己一個適合「本性造化」發展的環境，使本性中的造化規則可以顯現出來。只要本性造化得以顯現（見性），之後要造化到結出佛果，是自自然然，不勞人爲費心的。

說到這兒我要順便談到一個問題，性到底是善的？還是惡的？如來佛說「性不善不惡」，而孟子卻說「性善」，難道聖賢仙佛的說法也會互相矛盾嗎？細觀《孟子》的原文是「乃若其情，則可以爲善。」意思是說「一個本性純良的人，如果從外表看來，總是給人很善良的感覺。」這話的言外之意是說，這個「善」字是從人們對他的感覺來說的，但就內在本性造化的本質來說，卻不是適合用善惡來衡量的。

就像水的性不停的向大海流去，有什麼善不善呢！但老子卻說「上善若水」，硬把水說成是善良的，那也只是把水向大海流去永不改變的志節，比喻爲「善」罷了，然而水豈有什麼善不善呢！

人的佛性也是一樣，它是一種不變的造化規則，不應以善惡來區分的，只是本性純良的人，總給予人們一種很善良的感覺，所以孟子說「乃若其情，則可以爲善。」意義其實與如來佛的「不善不惡」仍是一致的。

17【氣】

陰陽的能量稱爲「氣」，氣即是創造宇宙那股能量的總稱，這股能量迭運流動時謂之「氣」，其內在所蘊藏的造化之序稱爲「理」，又因萬物皆依它而生存，它是萬物共同的道路，故曰「道」，這股氣裡面的造化特性賦予人時稱爲「性」，這股氣裡的感覺機能稱爲「心」，這股氣的強度堅不堅固則稱爲「命」。因此道、理、氣、性、命、心，只是一物的多面，而非多種不同的東西。

就好像我手上拿著一個黑色的石頭，我可以稱它黑的、硬的、重的、圓的……不論我用多少名稱來形容它，總是在說明同一個石頭而已，但不識者卻以爲是完全不同的東西，還常常互相打架呢！

這個「氣」字在人身上是什麼感覺呢？它雖然再平常也不過了，但平時你可能覺得找不到它，就像魚整日活在水中卻不知道有水一樣，人們整日都活在氣中，卻不知有氣！然而當你被嚇一跳時，忽然間有一股能量的感覺往身體的四方散去，那就是「氣」！又例如你生氣的時候，全身有一股能量在升起，讓你很想爆發，那也是「氣」。或是你精神很好的時候，全身有個能量神采奕奕，那也是「氣」。是這股氣經營了你生命中的一切心思、感覺、情緒，只有它才是你迷惘的所在，更是你致力觀照與覺悟的目標！

王陽明在《傳習錄》裡說：「人身中元氣、元神、元精只是一件，流行爲氣，凝聚爲精，妙用爲神。」又說：「性善之端，須在氣上始見得，若無氣亦無可見矣。惻隱、羞惡、辭讓、是非即是氣也。若見得自性明白時，氣即是性，性即是氣，原無性、氣之可分也。」可見陽明先生早就知精氣神者是「氣」的表現，又知道仁義禮智之心也是在心頭的一股氣上顯現出來的，也瞭解性與氣是一個東西，可見得陽明先生對於自身心性的觀照，已到義精仁熟[21]的地步了！比起那些只要觀照心，而忽略觀照心頭一股氣的人，可要高明得多了！

21 起心動念都已是圓滿純粹的仁義胸懷。

18【法】

「法」就是法則，萬物皆有一個自體，而每一個自體中皆有一個該物造化的法則，佛經中常以萬物自體內的造化法則爲「法」，或概略的稱萬物爲「萬法」。然而精確的說，「萬法」實際上是指萬物身中的那個「造化法則」而言的。

萬物由這種形態變化到另一種形態，所依靠的就是自體中的那個「造化法則」，也就是那個「法」！因此「法」也具有媒介、方法、手段、暫時的、有力量的等多重的意思。例如方法、辦法、佛法等，都是具有力量且隨時權變的，故「法」字之形如水之去，言其變動短暫之意也。

法這個字所代表的範圍極大，凡一切暫時存在於某種形態的有形事物，或暫時應用的手段、法門、媒介等都稱爲「法」，好比金錢就是可以讓我們的生活得到溫飽的「法」；包括一個人暫時存在腦海中尊卑、高下、得失、美醜等價值觀，或胸中忽然湧起的心情也是法，因此當一個念頭興起便是一個法，一個心情升起也是一個法；甚至宇宙中的因緣果報的定律，以及身心靈中那些奇妙無比的造化等，都歸屬在「法」的範圍內！

大體上來說，爲了達到某個目的而權設的手段方法，都可以稱爲「法」。就像一帖去病的藥一般，因此外在的物質可以是法，內在的心情、想法也是法，還有幫助我們達成修行目標的一切八萬四千多個方法，也都可以稱爲「法」。因此有所謂「佛法」、「法門」等稱呼。

譬如金錢或財物，可以有助於生活的便利，所以它就是生活所用的法；又如我們可以藉由鋸子、榔頭等工具去蓋好一棟房子，這鋸子、榔頭就是工作時的法。而「佛法」是用來去除眾生的執著所權設的東西，八萬四千法門都可以幫助我們開悟，例如唸經、禮佛、佈施、禪定、精進、做好事、守戒律等都是很好的事，但這些若用在不得當的時機，或因爲長期執行一個法，慢慢本末倒置，形成另一種罣礙或傷害，這種情況我們就稱爲「法執」了！

《金剛經》說「菩薩於法，應無所住，行於佈施」，因此用法的時候不能本末倒置，病去了藥也要除，法用完了就該全拋了，任何一個「法」再怎麼好，也不能對它有絲毫的貪執，才能在本性中得大自在。

19【萬法惟心】

「萬法惟心」這句話往往被大眾誤會爲「修行只要修一個心就行了，其他都不重要！」然而修行只要修一個心就好了嗎？只要明了自己的心，當下內心清靜，不再被煩惱所罣礙就成佛了嗎？實際上每個人都曾感受到內心的清靜，但那個當下就成佛了嗎？解脫了嗎？沒有啊！我們都說修行就是要修一個赤子心而已，那麼請問那毫無污染的赤子，就已經是一個眞正解脫的佛了嗎？還沒啊！他還是跟我們一樣輪迴在六道裡呢！因此如果你以爲修行只要把心弄得跟赤子一樣的純淨，就可以得到究竟解脫了，那不是痴人說夢嗎？

由這個簡單的例子可以知道，修行不是只有修到「明心」就可以了，因爲「心」是住在法身裡的，法身還沒修成，心也走不了的！人的法身是一股「氣」，法身純陰時就離鬼門關不遠了，人臨死時法身已依屬純陰，死的時候陰氣自然下沉，不論他的心修得再怎麼好，此時也不得不到陰間報到了；仙佛的法身是純淨的陽氣（純先天之意，裡面有最爲中和[22]的陰陽），人死前若法身已修煉到純淨的陽氣，歸空時清氣自然上飄，故而成爲天界的神仙，若法身已修煉到純陽，那麼就是理天[23]的佛。而人的法身是半陰陽，只適合半陰陽的空間，因此不論此時你的心有多好，那個心也沒有辦法離開法身獨自到西方，依然還是得暫時停留在這個人間的。

因此若是身中的那股氣，沒有煉成「金剛法身」的話，不論心再怎麼清靜，不論你的意識再怎麼提升，終究還是在六道裡輪迴的。也就是說「明心」只是最初的一個必要程序，而最後有沒有成佛，則是以「金剛法身」

---

22 喜怒未發的氣血型態謂之中；喜怒已發仍未被氣血罣礙、仍不離自在謂之和。

23 最高、最純淨、神佛居住的天界。

有沒有成就來判定的，若非如此，佛家還提個「金剛法身」有何意義呢！

其實完整的修行方法佛陀早就說明白了，那就是「明心見性，見性成佛」八個字。這裡面提到兩個重點，一個是「明心」，一個是「見性」，有了這兩個基礎最後才能「成佛」。然而人們總誤以爲明心就是見性，見性就是成佛，其實心是心，性是性，心性這兩個字所指的內涵是不同的，要不然這八個字乾脆改寫成「明心成佛」四個字就好了，豈不是更省事，何必多談一個「性」字呢！

性字作什麼用呢？性是造化的泉源，性是用來指引造化方向用的，性是萬物造化的指北針。好比蛹變成蝶，是誰讓蛹一直往蝶的方向去造化呢？就是靠蛹裡面的性。「性」是蛹之所以能變成蝶的指北針，只有在蛹的性完全沒有破壞時，它才能精確的往蝴蝶的方向去造化。

什麼是造化呢？蛹變成蝶的那個精密、奇妙、千變萬化的過程就叫「造化」。如果把這整個過程切成一萬個階段來看，每個過程都精密得令人讚嘆，人們根本無法窺破這些過程裡面的樞機，這個千變萬化的精密造化過程，才是佛家所說的「萬法」！

而由人變成佛的過程中，那個把中陰身煉成金剛法身的奇妙造化，那個把人變成佛的「萬法」，是由誰來指引出精密的方向呢？當然也是靠人人所具有的「本性」！人的本性只要顯現出來，造化就有了指北針，「萬法」就能精確的往「佛」的方向前進了。反過來說，如果本性的規則混亂了，這個指北針失靈了，那麼「萬法」就不會往佛的方向前進，而改往六道裡面鑽去了！這也就是佛家爲什麼要把「見性」兩字擺在「成佛」兩字之前的原因。因爲本性中的造化規則若不顯現，「萬法」便沒有指北針，成佛也就無望了。

本性既然那麼重要，那麼本性在哪兒呢？本性就隱藏在全身的氣裡面，這道理就像蛹的性隱藏在整個蛹裡面，又像水的性就隱藏在每一粒水分子裡面是一樣的，所不同的是萬物的本性本來穩定，只有人類的本性反而極易受到「心」的影響，而使得它無法持續向著「成佛」的方向前進！那個影響本性的心念，我們就稱爲「無明」！

人們心中的「無明」只要一發生，本性就紊亂，「萬法」的造化方向就往六道一直前進。人們的心中一清明，本性就穩定，「萬法」的造化方向就往成佛的方向一直前進。這道理就像一顆正在孵化的蛋，如果放在一個微波爐旁，就會往畸形的方向去發展，但如果又把它放在正常環境下，它又會往正常方向去發展的道理是一樣的。心中的「無明」對於本性的影響，就像「微波爐」對於蛋的影響是一樣的。因此心地如果不明，本性永遠無法啓動煉就金剛法身的「萬法」，成佛也就無望了。說得再簡單一點，成佛的「萬法」就維繫在「心」能不能清靜，因此古聖先賢才說出「萬法惟心」這樣的話來！

心中的無明清除了，性中的萬法造化就開始淨化法身中的濁陰，使得法身往純陽的方向前進，但這並不表示當下就是佛了，因爲淨化法身需要時間來完成這個造化，就像蛹變成蝶的過程，雖然蛹裡的性已經啓動了萬法，但還是要一定的時間才變成蝴蝶是一樣的道理。煉金剛法身也一樣，需要持著不退轉的心，顯現不退轉的性，推動不退轉的萬法，才能煉成金剛法身的。

瞭解這個道理之後，你便應該知道，「明心」的當下並不是就成佛了；「見性」的當下也不是就成佛了！而是要持續的明心見性，持續的存心養性，持續的推行煉金剛法身的造化，最後才能造化成佛的。這也就是如來爲什麼早就明心見性了，還要在菩提樹下靜坐六年的原因；也是爲什麼達摩早就見性了，還要面壁九年的原因。所爲的就是要讓「萬法」去完成那個煉就金剛法身的造化。（至於如何啓動性命造化，請至黃庭禪網站下載《撥雲見日》一書便知大略。）

由於成就金剛法身的「萬法」，就維繫在「心」明了沒，心只要明了，本性中的萬法便發生了，因此聖人說「萬法惟心」！但這句話卻被普遍的誤解爲「修行只要修心就可以了」！因此在大街小巷中你到處都看到有人整日在追求「心靈成長」，追求「意識的提升」！但卻忽略了「性」是什麼？性中的造化萬法如何啓動？如何使自己的法身往純陽的方向前進？於是釀成今日雖然修道多如牛毛，但每個人總感覺沒什麼具體收穫的現況！

這就像媽媽叫你去市場買一串粽子一樣，她告訴你：「從粽頭提回來就對了！」她的意思是不論多少顆的粽子，只有從粽頭下手，就能井然有序的把下面上百顆的粽子提回來了。但這並不是叫你提個空空的粽頭回家就行了！然而你卻誤會了這句話的意思，只提了一個空空的粽頭回來，這樣不僅會被沿路那些買過粽子的人暗笑，回家後也會被你媽媽罵慘的呀！

因此有時我會向學員開玩笑說：「如果你覺得修行只要修一個心就好了，其他都不重要了，那就不必急著修，等過世後再修都還來得及！」因爲過世後不論當神當鬼「心」都還在呀！慢慢修何必急呢！但這樣與佛陀所說的「人身最難得」不是衝突了嗎？沒了「人」的色身，就像沒有蘋果樹一樣，再也吃不到任何一顆蘋果了！同樣的，沒有了人身就再也造化不出金剛法身的佛了！

如果你承認「人身」很重要，那麼也就等於承認修行不能只修一個心了！而人身就是性命，道家說「性命雙修」，《易經》說「各正性命」，儒家說「正心修身」，這與佛家的「明心見性」、「煉金剛法身」是完全一致的！

20【心無所不在】

你常聽到很多人喜歡說「心是無所不在的」或「心是遍滿太虛的」這樣的話，而說這話的人所依據的便是《楞嚴經》卷一裡的一段經文：「既不在內，亦不在外，不在中間，俱無所在，一切無著，名之爲心。」這段經文本來是用來形容清靜解脫的「道心」，而不是用來形容充滿貪嗔痴愛的「人心」。這個「在」字本來是「罣礙」的意思，「不在」就是不罣礙。這段經文是說外面發生事情，道心不罣礙；裡面發生事情，道心也不罣礙；卡在兩者之間的事情，道心也不罣礙。不論裡裡外外發生什麼事，內心都了無罣礙的意思，一切都沒有執著，這叫「道心」。

而今我們把這段「一切無著」的道心句子，硬套在「一切有著」的人心上面，再把明明白白的「不在」、「俱無所在」（都沒有在的意思），硬改成完全相反的「無所不在」（處處都在的意思）！各位再看清楚一下，「俱無所在」是「都沒有在」！而「無所不在」是「到處都在」或「沒有一個地方不在」！這根本是完全相反的兩句話，但我們竟說得那麼順口，一點也沒有發現兩者完全違背，那麼多的高僧大德，就這樣張冠李戴了數千年，都沒有人發現與經意完全違背，眞是太不可思議了！

其實在佛教的《大般若涅槃經》第三十卷裡面，曾有六位外道的大師去找佛陀辯論，他們認爲「心無所不在遍滿太虛」，而佛陀爲了證明心不是無所不在，也不是遍滿太虛的，因而與他們進行了一段非常精采的辯論。只是因爲《大藏經》有五千多卷，就算你每天讀完一卷，也得花上十四年的時間才讀得完，所以很少人曾經看過這段經文，也因此才有機會讓這種似是而非的論調，至今仍然迷惑著無數的修行者！

剛聽到這樣的說法也許你會非常訝異，但以下這段精采的經文就是最好的證明。這段原文頗長，我特截取裡面最淺顯的一段來加以印證。看完這段內容，相信你必和我一樣，對於佛陀用簡單的比喻，就能破除了你我心中的迷惑，佩服得五體投地！

《大般若涅槃經》卷三十：

六師言：「瞿曇（佛陀的凡姓，指佛陀），色亦非我，乃至識（感覺、想法）亦非我。我者遍一切處，猶如虛空。」

（譯 六位外道的大師說：「佛陀啊！這色身終究不是我的，甚至你所感受到的感覺、想法也不是我的，真我遍布在一切地方，就像虛空一樣無所不在的！」）

佛言：「若遍有者，則不應言『我初不見』，若初不見，則知是見本無今有。若本無今有，是名無常。若無常者云何言遍？」

（譯 佛陀不以為然的說：「如果你真的已經如虛空般遍滿在一切地方，那麼你就不應該說『這地方我以前沒見過』，如果這地方你未來到之前沒見過，那麼就知道你現在所見到的景象你本來沒見過，而是今天人到了這兒才見到的。如果這景象是你人到了這裡才見到，人不來這兒就見不到，這就叫做『無常』。若是你的知見這樣的無常，怎能妄說你的心與太虛一樣遍滿在一切處呢？」）

以上佛陀用了極簡單的比喻，就讓我們輕易的瞭解到，人的心並未遍滿太虛，而是只在每個人身中的某個位置，因此才有「直指人心」的教義存在。然而由於大多數的修行人對於「心遍滿一切無所不在」的執著，致使這直指人心的教義，淪爲指不出位置的窘境，並且失傳了兩千多年！

現在容我用個更簡單的例子，來說明佛陀的意思吧！如果你認爲你遍滿在一切處，應不應該包含我的口袋呢？請問我的左邊口袋裝什麼？右邊又裝什麼？如果你說不出來，就表示你沒有遍滿在我的口袋！連這個小小的口袋你都還沒遍滿，還談什麼遍滿太虛呢！這不是妄語了嗎？

那麼這「人心」究竟在什麼位置呢？我們又要如何找到它呢？爲了解開這個疑惑，佛陀特爲眾生演說了《大乘本生心地觀經》，經文中眞是「直指人心」，直接指出修行時觀照內心的位置。然而這馬上又碰到一個問題，那就是在茫茫的經海裡，大家都只讀《金剛經》、《心經》……究竟有多少人曾看過這部《心地觀經》呢？而看過的人中，又有幾人眞的看出它的內涵呢？而經中佛陀究竟要我們觀照的內心位置，指的是身中的哪裡？以下這段文殊師利菩薩與佛陀對談的經文，便是唯一的答案了。

《大乘本生心地觀經》第十一：

爾時文殊師利菩薩白佛言：「世尊，心無形相，亦無住處。凡夫行者最初發心，依何等處？觀何等相？」

〔譯〕那時文殊師利菩薩請問佛陀說：「世尊啊！照我的理解，道心是沒有形相的，也沒有一定的地方，但是凡夫或行者想要開始發心修行，要從哪裡開始觀照他的人心呢？又要做什麼樣的觀照才容易入手呢？」）

佛言。善男子。凡夫所觀菩提心相，猶如清淨圓滿月輪，於胸臆（《心地觀經》第二卷說胸憶是在兩乳之中）上明朗而住，若欲速得不退轉者。在阿蘭若（清靜處）及空寂室。端身正念。冥目觀察「臆中明月」。作是思惟，是滿月輪五十由旬（長度計算單位，可指極大，也可指極小），無垢明淨，內外澄澈最極清涼。月即是心，心即是月，塵翳無染妄想不生，能令眾生身心清淨，大菩提心堅固不退。

譯 佛陀回答說：「想要修行的善男信女啊！眾生們想要觀照解脫自在的心，應當想像一輪清淨圓滿的月輪，在胸膛兩乳之中的位置朗朗的高掛著，如果想要快速讓心得到定靜而不再退轉，可以找一個清靜空曠的地方，端正身體靜靜坐著，閉上眼睛，往內觀察『胸中的那輪明月』，並作這樣想像：「那圓滿月輪的光芒可照到五十由旬那麼遠，足以遍照身中這個小宇宙，那月光絲毫沒有污垢，非常清明潔淨，那皎潔的月光使得身體内內外外都非常的清澄明澈，非常的清涼。此刻這月輪的位置就是你內心的位置，而你心中的能量就比喻為這輪明月的光芒，常常觀照著這股皎潔的能量與光芒遍照身心，沒有一點塵埃的遮蔽，也沒有一點分別妄想，這樣就能讓衆生的身心漸漸得到清淨，究竟的解脫自在也能堅固不退。」

觀照心地的經叫我們觀照胸臆（兩乳之正中），那是因爲人心喜怒哀樂發生的地方，就在這個位置。而佛陀要我們把內心想像成一輪明月，那是因爲胸中情緒的起伏本是一股能量的變化，而能量本無貪嗔分別的意義，就像皎潔的月光一般，只是一種光的變化，何來貪嗔妄想呢？因此佛陀將月比心，將心比月，最後所希望的是眾生因此了悟心中能量本無意義，解脫人心的枷鎖，得證清淨與自在。

由這段經文的指引我們可以知道，充滿煩惱罣礙的「人心」是有位置的，而這位置如來佛已經在經中用「於胸臆上明朗而住」的話語，直指出它的位置就在我們的胸中了。試觀佛經中所謂「直指人心」這句話，不正代表拿起手指就要指出位置來了嗎？眾生還有什麼好懷疑的呢？也請各位大德往後別再把《楞嚴經》那段形容「道心」的經句，竄改它的原意，再硬拿來套在凡夫的「人心」上面了！

21【子不語怪力亂神】

這句話常被誤解爲「子不語怪、力、亂、神」，意思是孔子不說「怪」，也不說「力」，也不說「亂」，也不說「神」。而無神論者特別喜歡用這句「子不語神」來批評有神論，來證明世上沒有鬼神！但這實在是一個斷章取義的說法，因爲把「怪力亂神」分成四項，並不符合孔夫子的原意。

例如，子不語「怪」嗎？那麼《中庸》這段：「至誠之道，可以前知。國家將興，必有禎祥㉔；國家將亡，必有妖孽。」以及《孔子演義》裡所提到的「萍實㉕」、「商羊㉖」等事，這些不是言「怪」那是什麼？

子不語「力」嗎？例如在《中庸》所提到的「君子和而不流，強哉矯㉗！中立而不倚，強哉矯！國有道，不變塞焉，強哉矯！國無道，至死不變，強哉矯！」這不是言「力」那是什麼？

子不語「亂」嗎？《春秋》一書中所批判戰國四百年間的亂臣賊子，來警示後人，這不是言「亂」那是什麼呢？

子不語「神」嗎？《中庸》裡的這段：「鬼神之爲德，其盛矣乎！視之而弗見，聽之而弗聞，體物[28]而不可遺。使天下之人，齋明盛服[29]，以承祭祀，洋洋乎如其在上，如在其左右。」這不是言「神」那是什麼呢？由此來看，孔子最敬鬼神，豈是人們所認爲的一個無神論者呢！

24 吉祥；祥瑞。

25 萍蓬草的果實。

26 傳說中的一種神鳥，能大能小，善於吸水噴水。

27 矯等於強，加重語氣，意即何等的強。

28 充塞於萬物之內不可或缺。

29 戒飲潔身；端正儀表。盛服為祭祀穿的一種衣服。

由以上的引證我們可以知道，若將怪、力、亂、神解成四樣事，將處處與孔子的言論相矛盾，因此本章應作「子不語怪力、亂神」來解爲當。

怪力是什麼？正如孔子所說：「素隱行怪㉚，後世有述焉，吾弗爲之矣。」這素隱行怪就是所謂的「怪力」。爲什麼孔子不語「怪力」呢？試想，玄奇法術的力量固然或有其事，但多談無助於心性的教化，且有腐蝕人心之虞，故聖人避而不談。

爲什麼孔子不語「亂神」呢？試想，六道中有天道（天仙、人仙、地仙、鬼仙）、阿修羅道（魔道）、地獄道、惡鬼道，皆屬鬼神之類，這麼多的鬼神裡面，固然也有安守本份或行善助人者，但也有自稱某天仙大佛占據宮廟蠱惑人心者，或有自稱某星球高靈占據人身爲邪祟等事者，也有占據大石、大樹以爲神，卻爲那些賭徒出明牌者，這些亂神雖然存在，但與正神相去甚遠，多談無助於心性的教化，且有啓人尚玄好奇之心，有敗人心性之虞，故聖人亦避而不談。

聖人所好談者，正力、正神而已。所謂正力者「其身正，不令而行」者是也；所謂正神者「使天下之人，齋明盛服，以承祭祀」者是也。談正力與正神，不僅有助於世道的太平，更能正人心性。故聖人畢生，只專注於此，而不願談任何索隱行怪之事。

因此季路問怎麼事奉鬼神。孔子回答說：「未能事人，焉能事鬼？」季路又問人死後是什麼情況？孔子回答說：「未知生，焉知死？」這在在都告訴世人不要索隱行怪，最重要的是要把眼前人道做好，才是修行的根本。

看看今日人們不是引用這句「子不語怪力亂神」來批評有神論的信仰，不然就是完全與這句話的精神違背，整日索隱行怪，沉溺在與鬼神接

30 喜好探求隱僻怪異之事來標新立異。

竅、通靈、接高靈的訊息等古代稱爲「巫術」的行爲裡面，把去脾氣改毛病、掃三心飛四相㉛的基本功夫全拋在腦後。這眞是兩個極端，難怪正道是那麼的難以弘揚啊！

31 去除眾生執念。三心為過去心、現在心、未來心；四相為我相、人相、眾生相、壽者相。

22【敬鬼神而遠之】

這句「敬鬼神而遠之」常常被用來形容「對不好惹的人要保持距離」的意思。這句的原文是「樊遲問知，子曰：『務民之義，敬鬼神而遠之，可謂知矣。』」樊遲問如何才算是有智慧，孔子說：「專注的做好人倫義理之事；對鬼神心存恭敬，但不可與鬼神天天膩在一塊，要保持遠遠的距離。這樣便可以稱得上是有智慧的人了。」

我們從「敬鬼神」這三個字就可以知道，孔夫子是個有神論者，否則還提倡敬什麼鬼神啊！既然孔子那麼敬重鬼神，那就讓眾生好好的與鬼神在一起，請祂們保佑我們，那又爲什麼孔子要加一句「而遠之」呢？這就是孔夫子高明的地方了！因爲鬼神有正有邪，正神雖會保護人，但也不希望眾生們連一點芝麻小事也要依賴神明，因此除非天下有大故，否則不可能天天在人們的耳根旁與你通消息的。

而那些邪亂的鬼神卻想借由通靈來迷惑人，等靈媒任祂擺佈之後，藉機盜取信眾們的精氣，這都在無形中進行，即使是最有經驗的巫師或靈媒，或是那些喜歡天天請神問神的信眾，往往深陷於其間而無法自拔！

這些邪靈常常以正神自稱，不是自稱觀世音、九天玄女、玄天大帝、就是自稱來自某外星球的高靈，用這些赫赫的名號來操弄靈媒或眾生，而靈媒在得到一連串的奇妙感應之後，會死心塌地的跟隨這個邪靈的指示。靈媒本身心術若正，必不貪好這種奇特的通靈經驗。而靈媒若心術不正，貪好玄奇，那麼所接的必是邪靈，因爲正神正佛不屑與心術不正的人爲伍。然而每一個靈媒總是信心滿滿的，認爲他們所接的訊息都是來自來歷不凡的大仙佛，其實這些幻覺都是邪靈所操控出來的，答案都是邪靈所給的，靈媒只不過是被動的接受訊息而已，自己哪能知道眞假呢！

因此一個平凡的人，是沒有能力去分辨這些神靈是正是邪的，一個邪魔若連你都騙不了，那還當得了魔嗎？因此若是整日貪求於請神降靈，大大小小的事都要去問神，勢必只有被邪靈利用到財盡精枯爲止了！

試看現代很多人，迷信到連會出明牌的神也拜！怎不想想，叫人賭博的會是正神嗎？也有人連石頭上的靈也拜，看到某石頭有靈就買回家，大小事就天天問那石頭！怎不想想，大仙大佛修到最後的成就會附在那石頭上嗎？還有人天天期盼外星高科技的高靈來教我們什麼？這些邪靈披上高科技的外衣之後果然奏效，還眞是吸引很多人崇拜呢！

孔夫子的這句「敬鬼神而遠之」的話，眞是切中了現代人的兩端之病，一種是不敬鬼神的病！一種是整日與鬼神爲伍的病！這都是兩端之病，並非明智的表現。孔子這句「務民之義，敬鬼神而遠之」，眞是講得恰到好處，算是極爲圓滿的智慧啊！

23【自在】

「自在」這個詞，常被解讀爲很輕鬆、很舒適、沒有一點辛苦、沒有一點煩惱、沒有一點不悅等意義。現代人爲了尋找那一份自在的感覺，不知不覺把自己縮在一個很狹隘的「舒適區」裡面。譬如盡情的去旅遊、休閒、購物、縮到冷氣房、坐軟軟的沙發、睡軟軟的床、喝杯香香的咖啡、泡個溫泉、按摩一下，吃美味的飲食、有個傭人可以服侍……等等。以盡量去追尋可以讓身心感到放鬆舒適的享受爲「自在」。

但這種見解的人，只要一走出這個「舒適區」，例如沒有冷氣可吹的時候、要流汗吃苦的時候、要去服侍別人的時候、不得不省吃儉用的時候，他們立即變得非常的浮躁，一點也自在不起來了！

然而古人在經典裡所說的「自在」，不只在順境時才自在，不只在舒適時才自在，而是在所有逆境與所有困苦感受的當下，都依然自在的一種境界，這種自在才是全方位的自在！因此我說現代人的自在，是把自己關在狹隘「舒適區」裡的假自在，逆境一現身，那些自在就蕩然無存了！

古人爲什麼能在任何境遇下皆自在呢？這與現代人最大的不同是，現代人所關心的是自己舒不舒服，而古人所專注的是「身內那股能量的流動」有沒有得其自在。更精確的說是「心內那股能量的流動」有沒有自在！就是這點不同，所以產生了覺悟與迷惘的差別！

由於眾生所關心的是自己舒不舒適，因此絕不容許他認爲不舒適的能量停留在身中，在這種時時處在「分別取捨」的知見下，眾生能感受自在的時間，當然就所剩無幾了！而聖賢所專注的是檢驗自己有沒有破壞身中的大自然，也就是在任何能量、任何感受顯現在身中或心中時，那份能量的存在或流動是否依然處於「自在」的狀態下。

說得更白話一點，就是那個痛的發生自不自在、那個酸的發生自不自在、那個痲的發生自不自在、那個起起伏伏自不自在；放任能量去發生，不作任何的抵抗，不作任何「分別取捨」！因爲時時處在「不分別取捨」的知見下，因此也就不會產生煩惱罣礙！所以只要確實的去觀照身中所有的能量，是在自由流動的狀態下，是在沒有一點人爲阻抗的狀態下，那麼不論任何好壞的感受來襲，都可以怡然自得。

也因此古聖先賢所感受到的自在，是在所有感受下都了無分別的自在，是三百六十度的全方位自在；而眾生所感受到的自在，只是在那一個小小刻度上的自在，是非常狹隘的自在。只是知見的不同，但一個非常究竟，一個卻非常的短暫，兩者眞可謂天壤之別！

24【信我者得永生】

「信」的本意是什麼？信字左邊有個「人」，這個人是直立的，是正直的，是頂天立地的，不是歪歪斜斜的那種人；右邊有個「言」，這個「言」不只代表語言，更包含所有的舉止動作，凡足以顯示出我的心意的作爲，都可以稱爲「言」。

一個頂天立地的人，一個沒有被慾望污染的人，把內在的心念與外在的舉止，都保持得純淨正直，像個正人君子說的話，像個正人君子做的事，像個正人君子的存心，不是像畜牲隨便亂來的，就叫「信」。信就是眞實不虛的意思。

「信」這個字另外還隱含著一個重要的意義，就是「彼此兩相一致」的意義。兩個相對的體，兩個裡裡外外都一致，一樣的眞實不虛，叫「相信」。好比人們常說的「信耶穌」，以我和耶穌來比較的話，耶穌的心性有什麼特質，我就修煉到與祂相同的特質，這時候我與耶穌來比較，兩者的心性一致，這才可以說是「相信」！「相」是彼此、兩個對體的比較，兩個都有信，才叫「相信」！只是一方的信，不是眞正的「相信」！

所以耶穌說「信我者得永生」，怎麼「信我」才能得到永生呢？如果把「我」字當成耶穌，這句話就是要修到和耶穌得永生的內涵一樣，當然你就可以得到永生，這叫做「信我者得永生」！如果把「我」字當成是每個人眞我的神性，那麼當你修到返回眞我純眞的神性時，便可以得永生了，這叫做「信我者得永生」。

一般人都以「我相信耶穌的神蹟」，或「我崇拜耶穌的偉大」爲相信，以爲我相信耶穌的偉大我便得救了，那不是眞的相信！眞正的相信是，耶穌身中存的是多麼純淨的本性，心中存的是多麼純淨的念頭，你修正得與祂完全一致，因此而得到永生，這才叫做「信我者得永生」！若你的心性和耶穌不一樣，不論你如何的崇拜祂，那都叫「不相信」了！既然是不相信，又如何得到永生呢！以此類推，相信佛陀或孔子，並不是拿起香來拜拜就相信了，而是要修煉到與他們的心性一樣的純淨，才能叫「相信」！

25【當下】

「活在當下」這個名詞，常被誤解為「專注在目前所做的事中」，於是發展出類似吃飯時就專心吃飯、做事時就專心做事，或走路時就專心覺知著走路等等的方法，試圖把注意力轉移到某個目標上，以此來安定自己的心靈。然而聖哲所謂的「當下」卻是指「當下內心的實相」，而不是指內心實相以外的其他事物。

因為當你把注意力轉移到外在的人事物，而使心情暫時得到平復，這種清靜並不是由於面對內心本質清靜的實相而得證的，而既非本質的安寧，就難免患得患失。反過來說一個人的內心若安住於實相之中，心一清靜，任你邊做事、邊走路、邊思考，依然還是清靜自在的。因此，把你的注意力放在觀照內心的實相上，這才有助於得到究竟的自在與安寧。

至於什麼是內心的實相呢？內心情緒的動靜起伏，其實就是一股氣的動靜起伏，一股能量的動靜起伏。而能量不論怎麼動靜起伏，就像風的吹，就像水的流，就像雲的飄動，不論怎麼變化，其眞相本不代表任何好壞意義的。因此不論你的內心發生什麼情緒，當下只把情緒當作能量看，不要把能量當作情緒看，每個當下你的心都活在能量自由飄盪的實相下，每個當下你都能因這個實相而得到清靜解脫。這樣的「當下」對你才有意義，否則任你怎麼專注在當下的每一件事、每個動作，對你覺悟內心的實相又有何幫助呢？

26【臣服】

「臣服」兩個字，在現代心理學的領域中，是常被誤解的字眼。人們總以爲要對外在發生的任何事情都毫不抵抗，都任其發生，便叫臣服。當然如果等不到公共汽車，只好耐心的等，急也沒有用的，此時當然是要臣服了。然而世上那麼多值得努力去開創的事，難道你都要臣服在陳舊的狀態下嗎？想想當年如果沒有七十二烈士的努力奮鬥，今日我們可能還是裹著小腳的滿清帝國呢！因此對於外在的事件來說，有些事是理當臣服的，有些事是不得不臣服，但有些事是絕對不能臣服，必須拿出魄力去改造力爭的。

既是如此，「臣服」這兩個字，並無法全方位的使用，還得要注意到很多特殊例外的情況，那麼這兩個字又有什麼價值可言呢？原來「臣服」

這兩字的原意，指的並非對一切外在的境遇都臣服，並不是任事情去潰敗而毫不努力挽救，而是指在你開創努力的每個當下，對內心正在發生的任何氣機變化，都能靜靜的觀照著它那本無好壞意義的實相，任其自在的發生、消散，任其自由的來來去去，這才是「臣服」的第一義。

就像太虛對風雲的臣服，任其自在的變化，絲毫不給它一點助長或抵抗的力量，這樣的臣服是順應自然，有百利而無一害。對身中的氣機也是一樣，對它完全的臣服，起起伏伏隨它去，怎麼變化都不抵抗也不助長。果眞如此，身心反而輕鬆，做什麼都有勁，而外在的選擇也變得很有彈性，要進要退、要戰要和都游刃有餘。這樣的「臣服」便處處可用，分分秒秒可用，不會在日常生活的取捨中，造成「到底要不要臣服」等諸多窒礙難行的矛盾了！

27【心想事成】

談到「心想事成」的概念，在近年蔚爲風氣。「心」當然是很有力量的，內心改變之後，很多事情是眞的會改變的，好比你的心變柔和了，友善了，自然人緣就會跟著改善了。你的心如果敵對了，冰冷了，人緣立即也會變差了。你的心向上奮發了，作爲也就積極了，凡事自然容易成功。因此從這個角度來說「心想事成」確實是有依據，也有價值可以提倡的。

然而外在的事物能否如你所願，是你努力的想就能達成的嗎？曾有人舉例去逛街的時候，心裡想著「有停車位！有停車位！」然後眞的找到車位了！試圖以此來證明「心想事成」果眞是有力量的。但這證據太薄弱了，因爲用同樣的方法卻沒找到車位的人也一大堆，而沒有用這個方法卻找到位置的也大有人在，這樣的證據很難說服人的。

不如讓我換個例子吧，好比買樂透彩券時，很多人每期都花幾十萬元去買，可以說每次要開獎前，總有數以萬計的人是非常渴望中獎，那心意之旺盛是可想而知的，但最後究竟有幾個人能中到頭獎呢？永遠也只有那少數的幾個而已！這麼說來能夠「心想事成」的機率有多少呢？以這個證據來看，就會變得微乎其微了！

然而有人會說「中獎的人是因爲意志力比別人強很多，沒中獎的是因爲意志力沒那麼強。」但如果你眞正去採訪那些中獎的人，有一大堆中獎的人，在買了彩券之後，根本沒想過會中獎，只是淡然的把彩券放在一旁而已，絲毫沒有用什麼意志力去祈求。而那些整天求神拜佛卻沒中獎的人，想中獎已經快想瘋了，整日都在祈求，但卻不一定中獎。從這個層面說來，事情能不能如願，與用多少意志力去想，也沒有什麼絕對關係的。

不過話說回來，心裡有個夢想總是美麗的事情，如果每個人的內心存在個夢想去追求，並且認爲應該會實現，這樣讓人生有朝氣，也是很有意義的事。只是現在的人已經把「心想事成」這樣的話，變成追求物質名利的武器，而不會想要去改變自己的作爲或心性，這種錯誤的見解將墮入兩個極端，不是使人變得更不切實際、更貪心，就是使人墮入更大的失望。

因此，我雖贊成「心想事成」這樣的話，但卻只贊成把它放在「凡事內心先有計畫，然後按部就班去實施就能實現」的範圍裡面。或是把它放在「凡事從自己的心性改變起，外在的人際關係就會有所改變」的範圍內。而不贊成把它放在「只要你專注用力的去想，那些名利地位都會是你的」這樣的奢望裡面。這將令人變得非常不切實際，變得非常貪心，這樣實在有礙社會人心的正常發展。

28【祭壇】

《奇蹟課程》這本書對新時代書籍有興趣的人耳熟能詳，全書圍繞在「愛」及「寬恕」的主軸也是大家所瞭解的，但書中有關「祭壇」這個名詞，大家雖然知道很重要，對它的眞實意義，依然還存在著莫大的誤會。

書中所指的「祭壇」究竟是什麼？由於這個名詞散見在《奇蹟課程》全書裡面，若非經過詳細歸類比對，往往會讓我們以爲是在家裡擺個拜神的祭壇，而現在卻有人這樣做，在讀書會時找個角落擺個台，再放上蠟燭當成敬神的祭壇，這雖然並無不可，但其實是一場誤會。以下就讓我們一起欣賞幾段我從《奇蹟課程》裡所歸類出來的片段，便可以一目了然了！

《奇蹟課程》節錄：

◆19頁：真正的神聖性在於「內在」的祭壇（可見祭壇指的是身內物），救贖位於「內在」祭壇的核心，才能發揮最圓滿的效力，在那兒它解除了分裂狀態，恢復心靈的完整。

◆36頁：真知乃是源自「內在」的祭壇（可見祭壇在內），憑著它的千古不易，超越了時間的領域。

◆173頁：你只能在上主的祭壇那兒找到平安，這祭壇就在你內。（不是任何外在的祭壇。）

◆69頁：上主的天音是由你內在的祭壇上達祂那裡的，這類祭壇並非有形之物，而是奉獻之心。（由此可證明「祭壇」指的是每個人的「內心」無誤了！）

◆209頁：你一旦認清自己所感受到的侵犯完全出自你的「內心」，你終會找到它的源頭，它在何處生，亦會在何處了結，救恩也同樣會在那裡，那兒就是「上主祭壇」之所在。（此段亦可證明「祭壇」即是「內心」。）

由以上數段摘文的比對後可以證明，《奇蹟課程》中的「祭壇」，指的是每個人的「內心」無誤。而內心正是黃庭禪所說的「黃庭」，也就是說「祭壇」即「黃庭」。書中說「救贖位於內在祭壇的核心，才能發揮最圓滿的效力。」可見得每個人都得仔細的觀照自己的黃庭，才能得到最圓滿的救贖與解脫，眞是殊途同歸。

29【煩惱即菩提】

「菩提」與煩惱相對，是清靜的意思。這句「煩惱即菩提」大家不是誤解爲「煩惱受夠了以後就看得開了」，就是誤解爲「把煩惱的念頭一轉以後就化爲清靜了」。然而這樣的解釋卻忽略了「即」這個字的意思。「即」就是當下，不是等以後。

「煩惱即菩提」指的是在煩惱的當下，也正是清靜菩提的當下，這兩者是發生在同一個當下的，不必等到煩惱平撫之後。爲什麼呢？因爲本來的清靜就隱藏在形成煩惱情緒的那股「氣」裡面，同一股氣，同一個起伏，同一個情緒，但知見卻可以有天壤之別！

若是對那股氣懷著好惡的分別知見，你將立即感到煩惱。若是你眞的從內心對它不取不捨，立即可以感到安寧解脫。眾生的煩惱乃是被心中那股氣血的動所罣礙，而「菩提」則是對心中那股氣血的不取不捨，這兩件事都發生在同一個氣血的動盪當下，因此「煩惱」的當下可不可以是「菩提」的當下呢？當然可以！只要對那股正在動盪的氣血不取不捨，放任其自在，當下就是菩提了，不用等到煩惱的氣血退了，才感到安寧的。

眾生總是在煩惱情緒來襲的時候，想盡辦法去安慰、轉移，直到心中那股動盪的氣慢慢退了，才覺得有「菩提」的可能，但這只能說是「煩惱後菩提」！然而六祖卻告訴我們「煩惱即菩提」，意思是說它們沒有兩樣，並非趕走了煩惱才得到菩提的。

這樣的說法與《中庸》的「喜怒哀樂發而皆中節謂之和」的說法不謀而合，原來「中和」是在喜怒正在「發」的當下就可以證得的。而且也與《心經》所說的「色不異空[32]」不謀而合，原來「空」與「色」是發生在同一秒中的。而六祖也用「煩惱即菩提」這句話，指引出正確的修行方向了，眾生千萬別再誤以為菩提是在平撫了情緒之後才能證得的，必須是在同一秒中證得，才有見地。

32 色和空沒有差別，可同時並存的一種心境。

30【功德】

所有行善的人都知道要做功德，但功德的定義如果不明白，是否也有可能自認爲做了一輩子的功德，實際上卻與事實完全相反呢？這是極有可能的事！那麼什麼是「功德」呢？先說「德」吧！《易經》曰：「天地之大德曰生。」而《南華經》曰：「物得以生謂之德。」可見天地間最大的德行就是這個「生」字，讓萬物得以生生不息的意思。若是一個人的行爲、心念，能幫助自己及萬物獲得生生不息的機會，能使自己及萬物活得更暢然、更健康、更自然，就是最完美的「德行」了！

說得簡單一點：「養生謂之德。」能促進養生的人才有德行可言，如果你所做的事都是傷生的，那還有什麼德行呢！譬如一個人如果心胸開闊，早睡早起，這不僅有益於自己的養生，別人學起來也有益於眾生的養生，這種人我們就稱爲有德行的人了。反過來說，如果一個人所表現出來的行爲，或所存的心思，或所做的事，都不利於自己及眾生身心性命的健康，甚至還反過來殺傷身心性命的健康，這就是古人所謂缺乏德行修養的愚人了。

那麼什麼是「功」呢？說得簡單一點：「有效謂之功。」但這個「有效」指的是什麼呢？人生在世不論做了什麼努力，總是爲了更能促進萬物生生不息的生機，使萬物更快樂健康而已，不是嗎？只要與此目的相符合的，我們就稱爲有意義的事、有德行的事，只要與此目的相違背的，我們都稱爲愚昧的事、沒有德行的事，不是嗎？人們可能有很多作爲，但凡是該作爲對萬物的身心性命沒有「養生」功效的，都不能叫做「功」！不論你做了多少事，只要對眾生沒有養生效果的，都叫「徒勞無功」！

德是自己的修養，使自己更能養生；功是存惠於別人，使眾生能得到具體的養生效果，可說這兩個字都是建立在「養生」的基礎上。功德還有深淺之分，「功」有多深，是以推廣「養生」有多深遠來論定的。養生的層面有深有淺，功德也就有深有淺，功德最淺的是養「身」，再深一點的是養「心」，再深一層的是養「性」，而最深的則是養起「金剛法身」，獲得永恆的解脫，也就是「養命」、「立命」的功德了。古人說「窮理、盡性、以至於命」就是在說明功德的次第。

好比說幾句話幫助眾生解決情緒的困擾，使人有好心情，這是功德；唸幾部經使人心情平靜，這是功德；幫助人解決一時的衣食困難是功德；教導人們知識，使人們都能更正確的生活，這是功德；看到一隻無辜的生命把牠買來放回大自然去生活，這是功德；救人的急難、救人的性命，是莫大的功德；但這些功德都是在短短幾十年生命裡的功德，因爲功效僅只幾十年的壽命，所以功德也較淺。而歷代聖賢所做的功德既深且遠，他們教導人們究竟解脫的心法，教導人們修煉永恆金剛法身的辦法，教導人們修性了命的辦法。因爲這些功德都是建立在永恆的生命之上，所以說「功德無量」！也因此六祖說：「功德在法身中，不在修福。」只有能教人修煉法身、修煉性命的功德，才是世間最究竟的第一等功德，其餘福德都是有漏因，終將漏盡，因此各教聖人終其一生，都在推廣超生了死的性命之學。

功德與「心」有關，一切功德都是從心做起的，看看「德」的造字是「人人的直心」，也就是喚起眾生的直心，是功德中最重要的一環。而什麼是正直的心呢？存著「忠孝節義」的心就是正人君子的心，能把忠孝節義做出來，示範給眾生們看，讓眾生去學習，這非常有助於眾生生命的正確延續，因此這些基本德行才是一切的「功德」之本。

《大學》的八條目正是功德的次第，能格物是功德，能致知是功德，能誠意正心是功德，能修身是功德。有了這些個人的修爲功德以後，再把它推廣給眾生，就更提升了功德的層次，因此齊家是一家人都得以修性立命的功德，治國是一國的人都得以修性立命的大功德，而平天下則是全天下的人都得以受到平治，都得以修性立命的最大功德了！中華文化字意雖淺，但其含意實在是面面俱到，博大精深得很呢！

31【修行】

在教導禪學的這些生涯中，常聽到有人抬著下巴說：「我修行二、三十年了！」但仔細看一下這個人，卻沒有一點修行的樣子，甚至連基本的德行與規矩都沒有，這就是完全不明瞭什麼是「修行」所致！什麼是修行呢？「修」是修理，把不好的改掉、去掉的意思，確實的去掉內心的脾氣毛病，確實的去掉法身中的濁陰，這才叫「修」；而「行」是奉持，好的德行要去實踐，確實去奉行眾善，確實去轉動氣輪，這才叫「行」。

即使一個人在各道場周遊了幾十年，甚至在心靈課程裡當名牌講師，如果驕傲的毛病沒有除，不能承受一點誤會，不能吃一點苦勞，沒有美食也不行，沒有冷氣也不行，掃個地、拔個草都不行，脾氣毛病一個也沒去，仁義禮智一個也沒有，心在哪裡不知道，性是什麼不瞭解，命怎麼立起沒聽過，那又怎能稱得上是修行呢！

32【割不正不食】

有次到內地講課，因爲課程中我常舉儒釋道三教的經典爲證，有個學員下課後對我說：「我特討厭孔子的，講師呀！你可不可以不要舉孔子的話免得我生氣呀！」我感到很有意思，笑問他：「爲什麼？」他說：「《論語》裡面說『割不正不食，不得其醬不食！』孔夫子那麼刁難女人，他的太太辛苦的切肉給他吃，一塊肉割不正他就不吃，醬料做得不合他的意也不吃！這樣雞蛋裡挑骨頭，什麼聖人！聖人都是後面的人吹捧出來的！什麼聖人！」他越講越激動，我越聽越好笑，兩人的表情形成強烈的對比！

難道做個聖人沒有一點體恤人的心嗎？對自己的太太也那麼苛、那麼不給面子嗎？唉！這是聖人的難處，後世沒有人能設身處地去體會！這份聖人的苦心後世沒有人能將心比心的，聖人的英名被後世的人給埋沒了，聖人的智慧被後世的人給誤解了！若是我們以這樣自我的知見去讀聖人的書，要到什麼時候才讀得懂呢！誠然，要解開這些誤解，還眞得花一點功夫才說得清的，請各位耐住性子聽我慢慢道來吧！

這句「割不正不食」是從《論語》〈鄉黨篇〉出來的，其原文是：「齋必變食，居必遷坐。食不厭精，膾不厭細，食饐而餲，魚餒而肉敗，不食，色惡不食，臭惡不食，失飪不食，不時不食，割不正不食，不得其醬不食。肉雖多，不使勝食氣，惟酒無量，不及亂。沽酒，市脯，不食。不撤薑食，不多食，祭於公，不宿肉，祭肉，不出三日，出三日，不食之矣。雖疏食菜羹，瓜祭，必齋如也。」

是的，從這段文章看起來，孔子眞是一個不好伺候的人，因爲依這些條件，要弄一盤菜給他吃，還眞不是簡單的！然而聖人不是隨遇而安嗎？聖人眞的這麼挑食嗎？實際情況如何呢？寬厚一點的人會想到，孔子如此的閃爍其詞，是不是有什麼難言之隱呢？不如現在我們以著更寬闊慈悲的心，試圖以「聖人是不是有什麼難言之隱」的角度，來尋找這段文章背後眞正所要表達的到底是什麼？

這段文章一開始提到一個「齋」字，而且從《論語》裡面「子所愼，齋戰疾」這句話來看，孔夫子一生最戒愼的，其實就是「持齋[33]」這件事了。持齋雖然是長養慈悲及有益健康的好事，然而就算在現代這麼文明自由的社會，在眾生口慾熾盛的作弄下，很多時候持齋的人卻是常常受到嘲弄排擠的。好比在全班的學生只有一個同學吃素，這位同學就常常被其他同學嘲諷爲「和尚」，或是被稱爲「吃草的動物」等等！這其實不是持齋有什麼錯，而是人們常懷戲謔分別之心的現象而已。

這種情況尤其在戰國那個伴君如伴虎，滿朝奸佞，稍一不愼人頭隨時

33 不吃葷腥的食物。

都會落地的時代，更是不得不隨處小心。況且孔子身為一方學問的領袖，在周遊列國宣揚學問的過程中，到處都遭逢小人的阻礙，而要明白勸人素食，豈不立即惹得滿朝文武百官不悅，那麼還有宣揚仁道的空間嗎？因此一觸及「茹素持齋」這個信念的話題時，孔子總是委曲婉轉看場面說話，而此段正是孔子為了要達到茹素的目的，及暗中宣揚茹素的信念，而巧設的各種推託之詞而已！

讀到這兒各位勢必有所懷疑，但請各位再仔細看看這段原文裡，是不是注意到「齋」及「蔬食菜羹」的主軸，而談到肉類時，卻出現很多的「不」字！意即孔子對肉類說了很多「不吃」的情況，卻沒有說一個「吃」的情況，談到吃什麼時卻說「齋如也」，你注意到沒！因此我們就懷著「孔子其實是想盡辦法在茹素的」這樣一個大膽的假設，再想像他為了達到素食的目的，用各種不吃肉的藉口，在諸侯與百官間委曲周旋的樣子，再看看我對每一句所作的補充說明是否有更合理之處：

齋必變食，居必遷坐：

在齋戒期間，孔子必改變了平常的飲食習慣（有藉口可以把肉類拿掉），並且也將坐臥的起居住遷移到清靜處。（有藉口可以遠離殺生腥臊。）

食不厭精，膾不厭細：

「厭」是飽足、貪求之意。「食」是穀物蔬菜。飯菜不貪求精美（粗茶淡飯即可），再細緻精美的肉品也不貪求。（整段意思是飲食只圖溫飽不求口慾之意。）

食饐而餲，魚餒而肉敗，不食：

穀食氣味變了，魚肉有腐敗的跡象，就不吃。（這是有了不吃魚的理由，各位不宜推測為「魚肉沒壞就吃」的說法。好比現在的「開車不喝酒」，是最好都別喝的意思，不宜被誤解為「不開車就可以喝酒」的意思。）

色惡不食，臭惡不食：

顏色不新鮮不吃，氣味不新鮮不吃。（有藉口可以不吃肉。）

失飪不食，不時不食：

烹調未熟則不吃，在不該殺的時機殺的也不吃。（好比要孔子吃生魚片時，就可以找個理由說「春季不該殺生」，這樣就可以有藉口不吃了。）

割不正不食，不得其醬不食：

切割得不合方正也不吃，醬料若加的東西不適當也不吃。（這擺明的就是隨便找個理由不吃肉，及避免吃加了肉或蔥蒜的醬料。）

肉雖多，不使勝食氣：

桌上的肉類就算再多，也不讓它壓過了穀類的清氣。（肉屬濁陰，植物屬清陽。不讓濁陰傷了清陽之氣，這也是找理由不吃肉。好比我們常說「煙雖然多，不能抽到傷身體」，或「酒雖然多，不能喝到傷身體」是一樣的意思。這用意不是告訴你可以抽煙喝酒，而是表露出不希望我們繼續抽煙喝酒的意思，其用意是非常容易明白的。）

惟酒無量，不及亂：

至於這個酒喝多少沒有什麼標準，依個人而定的，但最重要的是決不能喝到方寸都亂了。（「無量」二字不能解為「沒有限制」，一滴都不沾也是「無量」。無量就不會亂了方寸了。這也是找理由推辭喝酒的意思。）

沽酒，市脯，不食：

買來的酒，及市場買來的肉，都不吃。（這也是擺明的找理由不吃酒肉的意思，否則除非自己釀酒、自己養豬養鴨，否則哪有可能喝酒吃肉呢？）

不撤薑食，不多食：

不拿掉薑的食品（即每餐都吃一點薑的意思，因薑可補氣，有益養生），再好的食物也不多吃（也是找理由不吃的意思）。

祭於公，不宿肉：

陪君祭祀，祭畢君主常賜祭肉，一接到賞賜的肉，不等到過夜，立即將它分享給鄰人們。（這理由看似是廣宣國君的恩惠，其實是自己不吃肉，國君賜的又不能丟掉，否則恐遭小人諂言，因此找個好理由把肉分給別人了。）

祭肉，不出三日，出三日，不食之矣：

自家的祭肉也不能超過三天，超過三天就不能吃了。（各位聰明的讀者，先別反推說孔子三天內的肉就吃，其實孔子只說到「不吃」，並沒有說他三天內就吃。而是在這種情況下可以用這個理由推辭肉食的意思。就像「開車期間不喝酒」一樣，並不能反推為「不開車的時間就喝酒」。）

雖疏食菜羹（菜湯），**瓜祭必齋如也**：

雖然平常飲食只用些粗飯及菜湯，然而用此參與瓜祭的盛大禮儀並無不妥，因為此時必定要用素齋，才能代表最恭敬莊重的心意。（意即提倡平日只吃蔬菜瓜果之意，即使祭祀時也是保持這樣的原則，最具敬神的誠意。從此句看來，孔子勸人持齋忌葷的意圖不是非常明顯嗎？）

此節是記載孔子的飲食，文中舉凡提到酒肉的，都盡量表明「不吃」的理由，而他並未明言「禁斷」，這是爲了漸進誘導眾生不得已的作法，因爲眾生貪圖口慾已深，若言明一次禁斷，非但不能達到目的，反而帶來更大的批評，甚至因此招忌而惹來殺生之禍，因此只好改用婉轉的方法來勸戒，而遇到盛情勸食的情況，就只好一再的找理由來推託，於是才有這段文章的產生。

而最後談到即使只有粗茶淡飯，甚至只用瓜類，拿來祭祀也足以表達我們的誠心了。兩相對照，這不是在勸我們少吃肉而多吃蔬果嗎？畢竟宰殺動物朋友，看著牠們哀號，怎麼說也說不過去嘛，對不對呢！而這用意眾生竟視而不見，眞令人想不透！

聖賢所要提倡的是正理，不殺生、不造成動物朋友的痛苦，雖然這是個正理，但正理卻常常要與眾生的慾望作對，這麼一來對聖賢就產生了極大的批判，甚至招致生命的危險，耶穌的受難不就是這樣的結果嗎？處理這些與眾生的慾望作對的事，必須要有極高的智慧與勇氣才行的。因此如來佛提倡佛法時，一開始也不敢叫眾生把肉通通放下，而是以漸進的方式，先允許眾生吃三種淨肉及九種淨肉，直到說法的最後才在《涅槃經》中說出「從今爾後，制諸弟子，不得復食一切肉也」這樣的話。而孔夫子的這段話，也正是漸次斷禁的用心，並非用來刁難在廚房做飯的太太，更非歧視女人的意思。

初次聽到我這樣解釋的同學常感到訝異，因爲沒有人用這種角度看過這個事情，然而在《綱常倫理從德合編》這本書裡早就提到類似的解法，而且包括《論語》、《禮記》、《孟子》等內容，素材更全面完整，以下有的文意淺白，我只做簡單的注解，供各位參考：

聖註書暗包藏試爾惡善，句句言留在書察人心田；

孔夫子長茹素善會遮掩，才說道齋三日七日散完；

（這是孔夫子在《禮記》裡的話：「致齋三日，散齋七日。」致齋就是最純最嚴謹的齋，散齋就是較輕鬆隨緣的齋。好比時下的肉邊菜之類。但這是對衆生說法，而對聖人而言，這十天日日都是最純淨的齋！）

初三日合初七十天不短，十三日又七日二十整天；

二十三再七日三十天滿，每月間哪一天能把肉餐；

（這是在說《禮記》雖然說三天致齋，七天散齋，這話衆生聽起來好像是一個月還有二十天可以吃葷，但因古人一個月家祭三次，十天一次，這三個十天不是致齋就是散齋，對於自我要求嚴謹的人，哪有一天可以吃肉的呢？這明明是誘導衆生天天茹素嘛！）

齋變食居遷坐何等明顯，飯蔬食飲清水樂在中含；

丘未達不敢嘗恐有蔥蒜，遇飲酒說無量人不細研；

（此句是《論語》的一節：「康子饋藥，拜而受之，曰：『丘未達，不敢嘗。』」魯大夫季康子送藥給夫子，夫子拜謝後收了下來，然後對送禮的人說：「我不明白這藥性，所以不敢冒然吃。因為若以三厭五葷[34]做藥材，孔子只好用這理由推辭了。）

終日間不違仁天理常念，雖蔬食合菜羹齋祭一番；

（孟子：「君子無終食之間違仁。」）

若色惡亦不食何等分辨，觀惡臭又不食誰去對言；

（色惡不食，臭惡不食。）

若失飪過熱涼恐有病患，又言講不是時他也不餐；

（失飪不食，不時不食。）

孟夫子他言講庖廚要遠，聞其聲再不忍把他肉餐；

（孟子：「見其生不忍見其死，聞其聲不忍食其肉，是以君子遠庖廚也。」）

難道說孟夫子不把畜見，難道說他不聞獸吼禽喧；

又言說見過生死不忍見，難道說能把畜活往上端；

未五十不穿帛粗布遮掩，無七十不吃肉也對人言；

34 三厭指飛禽、走獸、水族。五葷指蔥、蒜、韭、薤、興蕖等五種辛味蔬菜。

（孟子：「五畝之宅，樹之以桑，五十者可以衣帛矣；雞豚狗彘之畜，無失其時，七十者可以食肉矣。」意即沒有七十不宜吃肉，然而人生七十古來稀，又有幾個吃得到肉呢！）

明明的是不吃用言折辯，如今人貪口福誰學聖賢；
如今的小孩子穿綢掛緞，三四歲就動葷都把肉餐；
看見肉他不論斜偏在盤，若不切用手撕也能吃完；（割不正不食。）
孔夫子不得醬食亦不願，如今人哪問他不仗油鹽；（不得其醬不食。）
夫子說肉雖多少食一點，如今人恨不得肚皮撐圓；
（肉雖多不使勝食氣。）
孔夫子顏色惡不嘗半點，如今人哪管他黃青紫藍；（色惡不食。）
夫子說若臭惡不食不看，如今人肉生蛆也能吃完；（臭惡不食。）
孔夫子若失飪食也不願，那肉上不斷血他也能餐；（失飪不食。）
聖言物不到時不能長滿，如今人哪管他澀酸苦甜；（不時不食。）

性天道修身法人不究研，只知道求名利好吃好穿；
看起來枉讀了聖賢文卷，哪一個體聖心遵依所言；
怎不學子所慎齋為首款，怎不學不違仁三月之遠；
（子所慎齋戰疾；顏回三月不違仁。）
人不飲食與菜哪知味鮮，怎讀了孔孟書行不顧言！

各位讀者，這段「割不正不食」的注釋，我本來是放在「君子遠庖廚也」之後，但由於這個議題具有爭議性，挑戰到眾生的口慾與習性，且篇幅冗長，讀者若非有寬大的心量，可能沒耐心讀完，或看完後有可能心生不悅！因此我考慮再三，特別將此段調到本部的最後，以免讀者錯失澄清其他議題的機會。此刻你若因我提倡「不吃動物」而心生不悅，這實在是我的饒舌之過！但亦祈請你爲了健康慢慢的減少肉食，相信你的身體將因此變得更加清朗健康了！

第三部

10個不可不想的問題

1 問：什麼是執著呢？我每天堅持一定要做瑜伽功課，或是打坐，大家都說我執著，這到底算不算是執著呢？

張慶祥（以下簡稱「張」）：執著與否，是以養不養生來做判斷，而不是以有沒有勉強自己來做判斷。雖然你常常處在毫不勉強的狀態下，或是想做什麼就可以去做的狀態下，但所做的事卻不養生，甚至傷身，或者對眾生有害，而你還拿不出勉強自己的魄力來改正，那就叫「執著」；反之，雖然你正在勉強自己做一件事，但那卻是很養生，很有益於自己或眾生，此時這種勉強不僅不能稱爲執著，反而是一種有益於去除執著的勇氣！面臨這樣的處境，就要拿出勇氣與魄力，逆著習性去做有意義的事，才是一個智者的魄力！碰到該做的事、該改的毛病不去實踐，看到有人勉強而行就說它是一種執著，那是沒有正見的人所說的話！請問堅持每天做瑜伽或打坐，對身心有益還是有害呢？若是有益，便不叫執著，而叫毅力。但若是做得超過身體負荷，想要拼個什麼紀錄，甚至造成身體傷害，那就叫執著了。有很多人群居終日，言不及義，卻常常說別人執著，只要你做的事有益身心，不必介意的。

2 問：什麼是「不分別」？選擇不分別不也是一種分別嗎？修行人都說要不分別，但想要成佛不也是一種分別心嗎？

張：你之所以這樣問，是因爲沒有弄清楚「不分別」的主軸是什麼？難道要弄得鹽和糖分不清、黑色和白色分不清、好人壞人也分不清才叫不分別嗎？那要怎麼教小孩呢？這樣的見解除了讓世界大亂以外，對世人有什麼幫助呢？

佛陀所提倡的「不分別」，是針對眾生的煩惱罣礙這個主軸而言，豈是這種黑白不分的說法呢？只因人們常因分別比較的心念而升起煩惱痛苦，於是佛陀就提倡「不分別」來引導眾生從煩惱裡走出來。譬如你比較後發現，你的收入比任何同學朋友都低，你的煩惱立即駕著一股股氣血翻湧上來了，這時佛陀就教我們以「不分別」的正見來對治煩惱。而這時不分別的對象有兩個，一個是不要去比較你和朋友間的收入差別，自然容易從煩惱裡走出來。第二個更究竟的辦法是，你要懂得對胸中湧動的那股熱血不分別，因爲那股熱血就像催化劑一樣，讓你的心情一波未平，一波又起，只要它一湧動，你就會陷入欲清靜不得清靜的窘境，你所要做的是，不要認爲胸中湧動的氣血有好壞的意義，不要把那氣血當作情緒好惡去判讀，只當它是一股流暢的能量而已，那麼不論它是否存在，你都可以自在逍遙的。這便是不分別的終極意義，而非那些黑白不分的說法。

3問：現代流行說這世上萬事萬物都是人們的心念所造成的，對嗎？

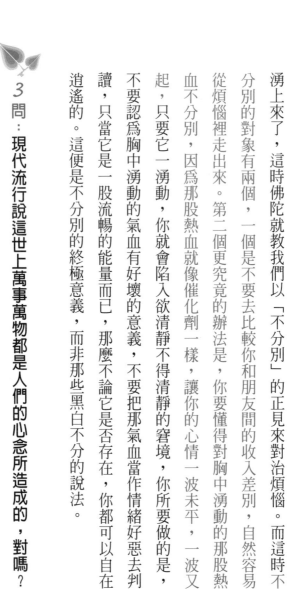

張：現在研究能量學的都知道，宇宙中的萬物都是能量所造成的，只要頻率相同，物與物之間可以相互感應的。又說宇宙的法則是依據人們的心念而作出回應的，只要你想什麼，宇宙都會生出來給你的。於是便推演出，教導人們集中意念去想像，便可以改變命運，甚至可以創造萬物、改造宇宙的說法。

當然意念可以改造某些事物的發展，譬如人們靠著想像而發明了無數的科技產品、靠著眞誠可以改變人際關係、靠著寬恕可以減少煩惱，靠著意志力可以更上層樓……但這並不代表光憑人們的意念而不付諸努力就能改變命運，使一切的好運都發生在你的身上，或光憑意念就能創造宇宙的事物，甚至操控了宇宙的定律。

我要說的是，心念固然有它的功能，有些事是心念可以影響的，有些事則是心念無法影響的。千萬別過度誇張了心念的影響力，以免扭曲了人們應該努力的方向。

意識可以改善人際關係，那是因爲你展現出眞誠；意識可以改變命運，那是因爲你付諸努力；意識可以創造科技，那是因爲你付諸研究；但若說意識可以創造萬物，那麼，大自然所生出來的萬物，是在未有人類之前早就有的，豈是人們的意識所創造的呢！再說這些萬物在顯微鏡下精密的結構，遠遠超過人類智慧所能想像的程度。怎能說它是憑人們那朝三暮四、毫無定向的意識所創造出來的呢？這種說法聽起來雖然讓我們覺得很高興，好像你就將無所不能、將擁有一切了！但那只是空歡喜一場，並不符合事實。

很多人之所以認爲意識可以創造萬物，是來自對「唯識」、「萬法惟心」、「心生法生、心滅法滅」這些字眼的誇大與誤解。佛經中這幾個名詞的本意，是在強調世上一切萬法本無高低，其是非價値乃是人們心中一些執著的看法所衍生出來的，並也因此產生了無數的煩惱。如果一個人願意放下對萬法的執著知見，當下就可以得到安寧。因此精確的說，與其說萬法是指世上的萬物，不如說它最主要是指人們在自己心中所創造出來的好惡模式而言，更爲恰當些。這樣解釋才能使眾生往觀照自己內心的大路前進，而不致墮入在集中意志空想好運降臨的小徑出不來。

既然這個「用心念去感應、去創造事物」的誤會是從佛學詞句而來的，不如就讓我舉佛陀在《楞伽經》裡曾經駁斥過這種說法的一段經句來證明吧！

《楞伽經》：

「大慧，若複說無種、有種、識，三緣合生者，龜應生毛，沙應出油，汝宗則壞，違決定義。有種無種說有如是過，所作事業悉空無義。」

(譯) 佛陀說：「大慧呀，就像有人說『世上的萬物是由沒有生命的、有生命的以及人們的心識，三者所共同創造出來的。』如果是這樣的話，靠著人們的意念，不僅能讓有生命的烏龜從殼上長出毛來，也能讓沒生命的沙子裡滴出油來了！假如你相信這種說法那就糟了，它已完全違背佛法的真義！提出有種、無種與心識三個因緣就可以創造一切的說法，有這樣的過錯，即使人們再怎麼努力使用意念想去創造另一個萬物，終究是空洞且沒有任何意義的。」）

這段就是佛陀恐怕人們聽到「萬法惟心」之說而生起誤會，以為宇宙的定律是跟隨人們的意念在跑的，只要動動意念就想要什麼都能創造出來了，最後落得凡事只用意念去妄想、去貪求，而忘了要腳踏實地去努力，因而有這樣的說明。既然佛陀都做了這樣的說明，想要獲得快樂幸福的人們，除了要在社會上好好努力以外，還要往自身中去認清煩惱的眞相才是究竟之道，而不是靠著妄想就要去得到一切萬物了。再說，試看社會上那些已經應有盡有的人吧，又有多少人是眞正快樂幸福的呢？

至於日本學者研究意念可以影響水分子結晶的實驗，這也只能證明意念對萬物的磁場有影響力，就好像一塊磁鐵對另一塊磁鐵天生就有影響力一般。但不能因爲這塊磁鐵能影響另一塊的磁力線，就誇大說這塊磁鐵可以創造萬物了，這是兩回事。

4問：什麼是衡量世間一切是非對錯的最終標準呢？什麼是人生一輩子努力的最終目的呢？

張：在這世上，眾生們可能付出一輩子的努力去求學、工作，也有人用一輩子的精力去追求理想，他們到底是在追求什麼呢？說到底，這一切的努力，不外是爲了要對自己、家人、甚至人類的生命，做出更有價值的貢獻而已。那麼如何才算是對自己及他人的生命有眞正的貢獻呢？最後你將發現，任何人的作爲，必須符合「養生」的目標，才算是對生命做出最有價值的貢獻。而能否符合這個目標，也正是世間衡量是非對錯的最終依據。

什麼是「養生」呢？簡單的說，就是能幫助人類的身、心、性、命往更健康的方向前進的事。《易經》繫詞說：「天地之大德曰生。」天地之所以具有偉大的德性，值得人們敬畏，正是因爲它能養萬物的生；社會上的善人之所以令人尊敬，也是因爲他們的作爲足以幫助眾生們養身心性命；而歷代的英雄豪傑之所以令人景仰，也是因爲他們犧牲了自己，而使得他人的生命得以存活。因此可以說，世間最好、最美、最偉大的事，莫如「養生」兩個字了。凡是符合養生的事，之於這世界就是對的事、有德性的事、有智慧的事；而只要是傷生的事，之於這世界就是錯的事、缺德的事、愚蠢的事。因此可以說，世上一切的是非價值，都是以有沒有符合「養生」這兩個字，來做最後評判標準。

例如一個人負面情緒很多，我們就會說這樣不好，那是因爲它很傷生；而如果一個人常常保持好心情，我們就會說很好，那是因爲這樣很養生。因此如果你能幫助人們去除負面情緒，保持正面愉悅的心情，我們便會稱讚它對社會是一種非常有價值的功德。

以此類推，如果一個人所追求的理想，或所致力的事業，即使只是提倡一個活動、一件事、一句話，可以使人們的身心更加健康，那麼大家就會說那是對的、是一種功德、是值得提倡的。但若他所追求的，是足以腐蝕人們身心健康的事，那麼我們就會說那是錯的、是一種罪惡、是一種墮落了。世上一切行爲的對錯，莫不以此來做爲衡量的標準，知道這個衡量標準，你的行爲不僅變得有所依據，而且會變得很有彈性。

好比很多家長都有疑慮，到底應不應該責罵或體罰小孩呢？當然正常情況下要用愛的教育才對。不斷指責或體罰，對小孩的身心肯定是不養生的，因此我們說那不對。但也有很多例外的情況，例如有些小孩不論你如何用愛的教育，依然無法導正他的嚴重偏差，反而助長了他有恃無恐地爲所欲爲，最後有可能造成不良的人格，這就叫溺愛了。溺愛對小孩及社會未來所造成的傷害，有可能比懲罰時所留下的心頭陰影不養生的多。兩害相權取其輕，得改用嚴厲指責或懲罰的變通方法，來嚇阻孩子的偏差行爲，此時這些嚴厲手段，已經減少了損害，因此依然符合養生的目的。世上事有變有常，但權變的作法也只能偶而爲之，等情況稍有改善，當然還得走回關愛的常態教育方式才符合養生的目的。附帶一提，懲罰時要拿捏好分寸，勞苦一下小孩的筋骨可以，但若假借爲他好的名義把小孩打得一身傷，不論理由再怎麼好，都叫虐童，都極不養生，因此當然絕對不可取。

再例如，有人常說「吃苦是美德」，這在常態中來說是對的，能吃苦的人有更多的工作機會，也可以服務更多的人，並且也有益自己的健康，因此我們說這是很好的德行。但試問，若是在無特殊需要的情況下，卻自己吃苦吃到足以傷害身體的地步，還値得稱道嗎？那就不能說是一種美德，而應該說是一種執著了！爲什麼呢？因爲違背了養生的原則。

當然也有一種特殊情況，例如發生了重大的災變，救難人員爲眾生吃盡苦頭，不眠不休地搶救別人的性命，最後把自己累垮了，這看起來對自己不養生，但卻救了更多人的生命，兩相權衡之後，決定犧牲小我的養生，成全大我的養生。整體來說，傷生的比較少，而養生的比較多，因此我們說這是非常偉大的德行。

依這樣的判斷標準，相信你已經能回答下面的問題了。如果有人問：「節儉到底好不好？」你就說：「節儉如果可以更有益於自己或眾生的養生，那就是好德行；但如果節儉到違背自己及眾生的養生，那就叫小氣、吝嗇、執著了。」或是有人問你：「喝酒到底好不好呢？」你就說：「如果你能控制在養生、不紊亂氣血正常運行的範圍內，那就許可；但若喝到傷生還停不下來，那就不對了。」（問題是有幾個人有這個自制力呢？就算有這個自制力，所獲得的好處，還不如去適量運動呢！因此聖賢談到酒這個字，大多是勸人戒絕，以免眾生誤入歧途。）

所以，沒有什麼德性一定是好的，也沒有一定是不好的德性，重點在於那樣做到底對長遠、對群體、對自己來說養不養生，這樣瞭解了嗎？因此如果有人對你說：「古代那些禮教眞是束縛人，應該全部都丟棄！」他這樣的見解到底是對還是錯呢？我相信聰明的你現在已經會回答了，你會說：「如果保留對別人的禮貌，讓人覺得心情好，自己也覺得很自在，對大家都養生，那麼這是很好的功德，應該要保留；但如果對人有禮貌，會讓人很生氣、很傷生，那麼禮教應該就要去除（但實際情況並非如此）。」

當然有人會問：「我對人有禮貌別人當然覺得很好，但我自己覺得很吃虧、很勉強，所以一點都不養生！這時到底要不要推行禮教呢？」我想這種情況下要改變的是你自己的看法，而不能責怪禮教的不當了！因此禮教保留好呢？還是廢除好呢？這不是見仁見智的問題，而是養不養生的問題。

接下來我要來說明，不只是普世的是非判斷與「養生」這個主軸有莫大關係，就連各教經典中，有許多不論怎麼解釋都令眾生覺得矛盾、不能運用的一些名詞，也都是圍繞在「養生」這個主軸來立論的。

例如佛家的「不分別取捨」，如果解釋成不要分你我還可，但若解釋成「不要分好人壞人、不要分能力高低」，那麼在日常運用上立即要碰到大麻煩。好比你的小孩去上學，你會告訴他「世界上沒有好人壞人之分、任何人都可以交往」這樣的話嗎？或是你爲公司舉才，你會說「能力沒有高低之分，任何人都適合這個職位」這樣的話嗎？事實上你不可能如此的，那麼當你告訴小孩說要和好人在一起，不要和壞人在一起時，你犯了「分別取捨」的過錯了嗎？不是的，經典的「分別取捨」指的是傷生、傷性的那部分而已，至於養生的那部分，都叫「不分別取捨」。這一線之隔若是分辨不清，那經典讀起來就處處矛盾了！

好比你和另一個人爲了爭奪一點利益而大動干戈，這很不養生，所以佛就勸你不要分別取捨，那怒火自然熄滅了。但若社區裡有個人在賣毒品，非常傷生，此時佛便會叫眾人把他抓出來，將他與善良老百姓分開，這樣才是愛民的作法，才符合養生之道。符合養生的分別，都叫「不分別」，只有違背養生的分別才叫「分別」，因為傷生的最大元凶是「好惡分別」的心念，因此提倡不分別取捨，正是為了養生，這樣的解釋才能將佛法與生活連結。

再例如「無念」這個詞，若是你把它解釋成「什麼都不能想」，那試問接下來怎麼面對生活呢？既然不能用在日常生活，那佛經豈不是變成可以解釋但卻不能用的學問了嗎？實際上佛經中的「無念」，指的是違背養生的妄念沒有了，而有助於養我身心性命的念頭都還保留著呢，哪裡是頭腦裡一個念頭都沒有呢！這樣的解法才不會墮入頑空的陷阱之中。佛經中若有其他解釋起來很矛盾的字眼，也都照這個模式去理解，便能觸類旁通；生活中若有不知如何解決的矛盾，也用這個原則去判斷，便能活潑權變了。

例如有人問：「我是個學佛的人，卻常在安寧病房欺騙病人說『你不會死』，這算不算妄語啊！」試想，一個小小的謊，能讓臨死的人得到安心，讓他走向更好的道路，絲毫沒有違背養生的原則，這是功德一件，怎會是妄語呢！我再舉個例子，好比你看到有個人被追殺，後面拿著刀子的人問你剛剛有沒有看到一個人跑過去，你要老實說「有」呢？還是騙他說「沒有」呢？當然要說沒看到啦，這算妄語嗎？當然不是，而且你救了一個人的性命呢！

或是有人問：「能不能殺蟑螂、蚊子呢？」我這樣說好了，如果登革熱流行了，不殺蚊子的話會死很多人，那國家會不會命令衛生單位殺蚊呢？當然會，如果殺了一些害蟲能保護更多人，那麼這是功德一件，情有可原。那麼家裡的蚊子可不可以殺呢？若是危害到健康還是要清除的，或是用些驅蚊的東西就可以把蚊子趕到屋外了。

因此，不論一般人的生活也好、修行人的修爲也好，其行事對不對、應不應該，要如何權變才算合理，都是以符不符合「養生」的原則，作爲最終的衡量標準，有了這個認識，世上的事情，就任你活潑運用了，而不至於被死板的原則給綑綁得不知所措了。

最後，我要爲「養生」的概念作一個補述，若少了這個補述，縱使每個人都做了養生的事，充其量也不過是個自私自利的人罷了！孟子說：「得其大者爲大人，得其小者爲小人。」好比你處心積慮把自己的養生做得很好，平日的作爲卻傷害了更多人的身心，整體來說依然傷生，那麼這叫取小捨大，因爲你只看小處，古人就稱這種人叫「小人」。若是你犧牲自己的享樂去對眾生做出貢獻，使得大多數人的生命可以得到更長更久的護養，雖然你在不得已的情況下損傷了自己的精氣神，甚至生命，但這是取大捨小，整體來說依然養生，因爲看得大看得遠，古人便稱這種人叫「大人」。因此，只懂得養生還不夠，還要能區分大小，才能成爲一個眞正有德的君子。

例如七十二烈士，犧牲自己的生命，拯救了無數中國人的前途與生命；或是像孔子，犧牲了自己的人倫享受，奔波於列國推行仁教，其教化糾正了後世無數學子的錯誤，樹立了後世學子高尚的人格、骨氣，這種「取大捨小」的人，才是眞正的英雄豪傑，才是眞正的大人。所以「養生」這兩個字，雖然是人間一切是非對錯的終極答案，也是一切努力的終極目標，但必須要有「取大捨小」的精神，才算圓滿。

5問：我學了各式各樣情緒管理的辦法，但總覺得不究竟，至今我的情緒還是不時會泛起波濤，讓我不得安寧！什麼才是解脫內心煩惱的究竟辦法呢？

張：問題就出在你所學習的這麼多辦法，都指向同一個錯誤的方向，那就是想盡辦法要使你的情緒維持不動！你在不知不覺間，相信了這種謬論。我的意思是，人的情緒因爲周圍環境的變化，而時常有所波動，這是很正常的事。如果你以爲想要得到安寧，就是要使自己完全沒有情緒的波動，那麼就像是一個人，想盡一切辦法要使海面變得平靜無波一樣，即使他耗盡十輩子的精力，也終將徒勞無功。

就好比海面上無數潮來潮往的波浪，那不是很美的景象嗎？那不是很該存在嗎？讓它自由來去有什麼不可以呢？爲什麼你要費盡一輩子的心思去消滅它呢？同樣的，你的心海有點波浪不是很好嗎？不是很應該嗎？不是很值得欣賞的事嗎？從什麼時候起，你開始誤以爲要使內心沒有任何起伏才是對的事呢？

這乃是肇因於一個天大的誤會，只因人們有煩惱發生的時候，都剛好是內心的情緒有波動的時候，於是人們便直覺聯想，如果能消滅那個情緒波動，不就可以永遠沒有煩惱了嗎？這乍聽之下好像是對的，但試問，如果有一個人生了一種病，每當他看到海面上有一點點的波浪時就會覺得煩惱，此時你會建議他盡一切努力去防堵海上有任何波浪發生嗎？不會的，這不是個辦法，因爲無論你怎麼費盡心思與精力，海面總是有波浪的，依循這樣的做法，永遠也不可能成功！

那麼這個人該怎麼做才有可能成功呢？他所應該致力的，是去改變自己執著在波浪上那個分別好惡的看法！只要掌握這個關鍵，就有成功的機會。當他開始不怕波浪的時候，不論波浪存不存在，都可以自在安寧的，不是嗎！

在這條七情道路上超然覺悟之人，才稱爲「覺者」。佛家的「菩薩」翻譯成中文叫「覺有情」，而不是「覺無情」，因此千萬別誤以爲要從消滅情緒下手。「有情」就是有情緒波動，是在情緒發生的當下，覺照情緒波動的眞相，對那波動有不分別好惡的能力，只當它是一股毫無意義的能量看待，這才叫覺者、才叫菩薩。六祖不也說「有情來下種」嗎？爲什麼你總是想從消滅情緒來下手呢？《心經》不也說「觀自在」嗎？這是在情緒的當下也有自在的能力，什麼時候開始，你覺得情緒應該「觀不在」才能自在呢！《中庸》不是說「喜怒哀樂發而皆中節謂之和」嗎？什麼時候開始，你誤以爲喜怒應該都不能發動才有可能得到「和」呢？

去找吧，找一個能教導你在喜怒七情發動的當下，就能得到自在的法門，那不僅符合各教經典的精義，更能落實在日常生活毫無牴觸，那必是你究竟的解脫之路了！

6 問：我做事一向聽從直覺，不管別人怎麼說，凡事只跟著感覺走，聽從自己內在的聲音。只要知道自己在做什麼，能對自己負責就行了，不是嗎？

張：這種人生觀乍聽之下很瀟灑，很多年輕人喜歡學這種調調，但它會讓你停留在膚淺、不可靠的層面，最好重新思考這樣的人生觀，它隱藏著莫大的危機。爲什麼呢？其實直覺是最不可靠的東西！因爲直覺有時準有時不準、感覺有時好有時壞，即使是你自認爲十拿九穩的腦袋，都還免不了有時正有時邪呢！更何況是跟著環境時時在變動的感覺呢！

如果凡事都得等到感覺舒服了才做，感覺不舒服就不做，或是內在有一點點勉強的聲音就不做，那麼永遠也超越不了自己貪求安逸舒適的惰性了。因此人要活得有骨氣、有出息、有格調，就得有超越感覺、超越內在聲音的能力才行的。

人生不能只跟著感覺走，舉個簡單的例子，如果有天你心裡有個直覺，覺得應該去幫助一個人，這當然很好，這個直覺有益於大眾，是合理的，你當然可以跟著感覺走；但若改天心裡因爲嫉妒一個人，致使你有個想害人的感覺升起，或是改天當你碰到一點點壓力，內心有一個想退縮的聲音升起，那麼你也跟著這個不合宜的感覺及聲音走嗎？

或是你很清楚自己正在做某件事，並且說你可以爲自己負責，不論結果如何都不會有怨言，這樣就什麼事都能做了嗎？那未必的，因爲有些事不是只傷害到自己，也會傷害到別人，你負不起這個責任。這種情況下，如果你還執意跟著這樣的感覺走，還說些可以為自己負責的狂語的話，簡直是沒有絲毫人格可言了。

這個時代社會上有那麼多的亂象，其實就是「跟著感覺走」的論調太盛行了，這種論調的流弊就是最後每個年輕人都變成跟著享樂的慾望走、跟著頑固的惰性走、跟著不切實際的妄想走，因而造就了一大批毫無抗壓性的草莓族，只想天天跑出去玩，天天打電動、看電影，根本不想去工作，不想為社會家庭負擔任何責任，連幫家人倒個垃圾都覺得厭煩。自己的生活一團糟，一有不如意就顯得非常暴躁，只想到自己的感受好不好，從來不管他人的死活，這都是現代新潮流教育「跟著感覺走」、「聽從內在的聲音」的論調太盛行所致。

在我看來這種說法實在是了無新意，對社會也毫無貢獻，除了能令一些內心充滿壓抑的人聽了很爽快之外，對於一些魯莽、缺乏自制力、缺乏是非判斷能力，以及懶散成性的人來說，這實在是非常誤人子弟的說法。然而類似的說法在現代講求自由新潮教育模式的原則下，已經被濫用、誤用，因而造成目前處處都是宅男、宅女、草莓族、自私自利的人，現代教育走錯了路，實在需要注入更重大的改革。

一個有遠見、有責任感的君子，在從事教育工作的時候，不會願意助長這個說法。一個君子所致力提倡的，除了有益身心的休閒娛樂之外，更重要的是要教導眾生，在面對各種壓力的狀況下，還保有自在愉悅的能力，並且仍然可以做出對社會有貢獻的選擇。君子所致力的，是讓眾生比昨日更有品格、更有肩膀，而不是只求跟著貪好享樂與縱慾的感覺走，也不會只教眾生說一句「可以對自己的行爲負責」就交差了事。這說法譁眾取寵，卻遺害人間，君子不這麼做的。

7問：所謂鬼神之說，既然科學無法證明，一概都是迷信吧？

張：科學無法驗證的就是不存在的東西嗎？你不覺得光是這句話本身就非常不科學嗎！想想，宇宙有多大？隱藏在裡面的眞理有多少！科學家已經挖掘出宇宙裡的全部知識了嗎？還是只窺測到滄海之一粟而已呢？人類所知道的比例，是何其的微小！

自從一七六五年瓦特發明蒸汽機，把人類帶入科技領域以來，不過才兩百多年而已。如果把地球的壽命比喻爲一天的話，兩百多年就像是前兩秒鐘而已呀！以這短短兩秒鐘的科技發展來說，那不就像是幼稚園的程度嗎？但科學家們卻要說自己是科技尖端，說自己無所不知，說舉凡鬼神之類，他們所不能驗證的事，都是不存在、都是迷信的！那不就像是一群幼稚園的學生宣告說：「由於愛因斯坦的學說我們無法驗證，所以他的學說是一種迷信！」你不覺得這很狂妄自大，很無知嗎？這種觀點，不僅是最大的迷信，而且還非常霸道！

我的意思倒不是說科學無法驗證的都存在，或歸咎於科學家的無知，其實科學家這兩百多年來已有很多的發現，並且對人類有很大的貢獻。我所強調的是，科學家沒有能力驗證，但卻早已存在於宇宙間的事還多著呢！面對宇宙的浩瀚，科學家應該學習更謙虛以對，遇到有能力檢驗出錯誤的事，科學家當然可以說那是一種迷信；但遇到目前還沒有能力完全弄懂，沒有能力去檢驗的事，科學家應該承認目前的科技還不足以驗證，有可能存在，也可能不存在，而不能說科學界無法檢驗的事，都不存在，或都是迷信。這樣發言和狂妄的惡霸沒什麼兩樣。

目前社會上對於鬼神的認知就正處於科學還沒有能力驗證的階段，但各宗教的創教聖人都承認有鬼神，世界各地也不時傳出許多科學無法解釋的靈異事件，而接觸鬼神的人，又無法把這能力提供給所有的人去驗證，因此面對這個議題的態度，最好客觀開放，對於認爲有鬼神、沒鬼神的說法，採雙重尊重的態度，這樣就可以免去科學家說宗教家迷信、而宗教家說科學家無知的窘境。等待未來有能力驗證的時代來臨，再讓後人去揭開這團迷霧吧！

8問：有人告訴我，每個人來到這世上都有一個不同的任務，我一直在追尋我此生到底有什麼任務，但一直沒找到答案，我不知道要怎樣才能把我的「任務」找出來？

張：人們常在尋找此生來到世上的任務，與其說是「任務」，不如說是「功課」吧！因爲「功課」這個字眼，顯示出自己的不足，亟待去努力學習，讓人升起謙虛的心。而「任務」這個字眼，常常惹出心中那個自以爲來歷不凡、自以爲什麼大仙大佛來降生、自以爲帶著非凡的智慧根器而來等憤高我慢的病根，因爲這字眼的誤導，與人談到修行的話題時，不知不覺就流露出高傲的姿態。不論到哪個廟宇、拜訪哪位高人，都在打探自己還有沒有更特殊的未知「任務」，於是一些別有目的的「高人」，就樂得灌你迷湯，說你有很多特殊的「任務」。若是對於自己聽到的任務還不滿意，就轉求無形高靈，看看能不能再給出什麼訊息，於是一輩子四處奔走，到處追尋更特別的「任務」。

但最後總是得不到滿意的答案，不是覺得那任務太小，不適合自己，就是覺得那任務太大，自己也沒能力做得來。這類的人太在乎自己，只想著我要過什麼樣的生活、要有什麼樣的成就、要如何高高在上地展現非凡的根器……這就是爲什麼有那麼多的人，總是在問「我此生的任務是什麼」背後眞正的動機，總脫不了以自我爲中心的「貪念」在作祟。

因此我覺得「任務」這個字眼不好，有譁眾取寵、灌迷湯之嫌，甚至有些毫無修爲的人，也因爲接受高靈特殊任務的指派，走向誤人子弟的道路。這都是受「任務」這兩字之害。

況且除非放棄以自我爲中心，而以大多數人的福利及成就爲出發點，否則在乎此生一個人的短暫成就，其實沒有多大意義，我們的靈魂必須在付出關懷給他人時才得以成長，因此我們的才幹與天賦都是爲了付出給別人而存在。當我們把關注的焦點從自己身上移到別人身上，完全設身處地替對方想，常常問自己「眾生需要什麼、我應該給眾生什麼」時，你將「賺」到更多的開心，並且完成此生所有功課的考驗。

我們來到地球上經歷種種痛苦、挫折、煩惱，那是每個人在未投胎之前所做的決定，當時我們決定要把在地球上的生命歷程當作學校裡的必修課程，並且野心勃勃地自願選擇在生命中遭遇各式的困難，並且許下心願要幫助別人，學習未完的功課，以便使靈魂得到更多的成長。而我們此生的功課能否圓滿達成，決定了回到靈界後的地位，因而即使在塵世看似一事無成的人，只要對功課的德行圓滿，回到靈界後都是最勇敢、最純潔的靈魂！

那麼每個人來到這個世上所要完成的「功課」是什麼呢？不外是要學習，爲人君時要能敬、爲人臣時要能忠；爲人父時要能慈、爲人子時要能孝；爲人的兄弟要能友愛、謙讓、包容；爲人的朋友要能誠懇信實；爲人夫妻時要能疼惜對方，又要內外有別、分工合作。

這五倫對自己、對別人、對社會國家，都有莫大的幫助，要挽救世界的偏失與亂象，莫如落實五倫。因此若要論起人世間最可貴、最有價值的任務是什麼？還有什麼任務比五倫更務實、更有益於人類呢？就讓每個人，都踏踏實實地實踐五倫，作爲一生中最重要的任務及功課吧！

9問：每次我要在衆人面前表現自己的時候，都感覺到非常沒有自信，請問我要如何找到自信呢？

張：看看那些天眞的小孩，他們不需要展現自信，甚至連「自信」這兩個字都沒聽過，卻能在人前人後都活潑自在，想跳就跳，想唱就唱，進入了人群也如入無人之境。而爲什麼我們這些大人，走到哪裡都需要撐起自信，才能感覺到生活得有尊嚴呢？為什麼在有分量的人物面前，少了自信兩個字，講話就吞吞吐吐，連手都不知該怎麼擺呢？

這些需要自信撐著才能過得下去的人，其實骨子裡最沒自信，總有個自卑的心理在作祟，因為想要掩飾內在的自卑，所以才需要在人前人後，不斷撐起超級有自信的模樣，甚至接近狂妄、冷酷的邊緣。他們把下巴抬得高高的，造作出一副不可一世的模樣，這不僅讓人感覺虛偽，更讓內在那個自卑的種子不斷地成長，撐久了連他自己都覺得活得非常虛假，非常疲累。這都是「教育」所留下的後遺症。

這條錯誤的道路，一開始是因為處處都想要跟人家比較，當你覺得有些東西不如人的時候，就是交了個壞朋友，叫做「自卑」。時間一久之後，你開始覺得認識了自卑很苦，於是就想要找個辦法把自卑拿掉，而所想到的好辦法就是再去交一個壞朋友叫「自信」。我們藉著撐起自信，想要嚇阻自卑現身，乍看之下似乎有用，然而仔細想想，你之所以這麼苦撐著自信的模樣，正表示你的內心深深地懼怕著自卑。這不僅讓你的生活造作虛假，也讓你的自卑被壓得更深、更緊、更大，最後你會深深嘗到，過度的自信是源自於過度的自卑，這兩個壞朋友都讓你苦不堪言。

想要過輕鬆一點、眞實一點的生活嗎？不如讓我們學學小孩子的赤子之心，忘了自信吧！看看那些古聖先賢，從來不需要自信，但永遠不會自卑，所以別和它們混太熟，下回那個自信或自卑再蠢蠢欲動時，就當它們是完全不認識的陌生人！開始聽到這個說法，你會很驚訝地問我說：「不要自信，難道要我自卑不成？」想想，連自信都不屑的人，還會去認識那個自卑嗎？由於你太認識自信，所以才會加深自卑，這兩個都是壞朋友，一概不要了吧！記得哦，下次它們再出現時，就當它們是完全不認識的陌生人，效法古人「不卑不亢」的人生哲學，你會輕鬆許多。試試看！

10問：那些修行人立志要成佛，不也是一種貪嗎？我只不過貪點蠅頭小利就叫貪，他們比凡夫貪更大吧？

張：你這問題可眞是問得大快人心啊！好多人想問呢！要瞭解這問題，首先要把「貪」這個字定義清楚，就不會造成這樣的誤解了。

想要用不正當的手段，去拿到不是我本分該有的東西；內心有個期盼，但這期盼是爲了滿足自己的慾望，而且還會傷害自己或他人的身心財產，這才叫做「貪」。

若是本來屬於我的東西，只是暫時丟掉了，現在把它找回來，不能叫做貪。或是心中雖然有個期盼，但這期盼並不會傷害自己或他人的身心財產，甚至反過來還有益於自己或他人的身心，也不能叫做「貪」。

總之，會造成自己或別人的傷害的願望或作爲，才叫「貪」。一個凡夫在社會上努力經營正當的事業賺錢，對眾生的身心健康還有幫助，那對社會是一種貢獻，不能叫做貪。但你所賺的錢是不義之財，或是會造成他人損傷；或是你爲了賺錢不顧健康，把身心都弄垮了，家庭也不要了；或是你賺了錢之後都不肯拿出來做一些有意義的事，只會把錢鎖在保險箱裡……不論這錢是多是少，聖賢都會說你是「貪」。

那些潛心修行的人，盡量減低自己的慾望及需求，戒除一切傷害他人及傷害自己的事，所提倡的都是教你怎麼去愛別人、幫助別人的事，這當然不能叫做貪。而你的疑問是他想要成佛、貪得佛的果位，所以應該是貪。然而你卻忘了一件事，人人本來是佛，希望找回自己本來純淨的面貌，這件事又不傷害人，又不傷害自己，又能使內心得到更多祥和，這是多麼美好的事，怎麼能叫做貪呢？況且，你忘了，如果他有一天能修成佛的話，實在是由於他內心對任何事物都無貪無求才修成的，而不是因爲他貪求佛的果位、貪求高高在上讓人家膜拜、貪求無所不能的法術來爲所欲爲才修成的，因此，眞正修成佛果的，沒有貪，有一點貪念就成不了佛，這個本末你一定要分別清楚的。

所以別誣指所有天上的佛都是人間第一貪，才上得去天界，試圖以此來凸顯自己比佛還清高，這依舊是憤高我慢的毛病在作祟。對於神佛能一輩子謹守善道，終於證得自己的本位，而我們卻三心二意毫無恆心，以致不斷流浪生死，要感到非常謙卑及汗顏才對呢！

國家圖書館出版品預行編目資料

找回失落的自己：黃庭禪開啓一生的寧靜與自在 / 張慶祥著： —— 初版. —— 新北市：李茲文化， 2011. 06 面；公分 ISBN 978-986-86142-7-7（平裝） 1. 靈修 192.1　　　　　　　　　　　　100007627

找回失落的自己：
黃庭禪開啓一生的寧靜與自在
The Long Lost True You

作　　者：張慶祥
編　　輯：陳玉娥
總 編 輯：吳玟琪

出　　版：李茲文化有限公司
電　　話：+(886) 2 82189975
傳　　真：+(886) 2 82180043
E-Mail: contact@leeds-global.com.tw
網　　站：http://www.leeds-global.com.tw/
郵寄地址：23199 新店郵局第 9-53 號信箱
P. O. Box 9-53 Sindian, Taipei County 23199 Taiwan (R. O. C.)

定　　價：280 元
出版日期：2011 年 6 月 1 日 初版
2020 年 4 月28日 初版七刷

總 經 銷：創智文化有限公司
地　　址：新北市土城區忠承路 89 號 6 樓
電　　話：(02) 2268-3489
傳　　真：(02) 2269-6560
網　　站：www.booknews.com.tw

麥可．傑克森唯一自傳

紐約時報暢銷冠軍；經典一度絕版如今再現

傳奇必須珍藏！
他的話語、他的心聲

樂迷等候 22 年，繁體中文版首度問世。

內含 100 張麥可親自挑選最珍愛的照片；並附 MJ 親筆簽名及自畫像。

極度讚賞麥可的美國前第一夫人 賈桂琳．甘迺迪．歐納西斯＝催生本書的原版編輯

總經銷 創智文化有限公司